비버챌린지 II: 비버챌린지로 배우는 소프트웨어(초등학생용) 정오표

기준 판권 : 2019년 11월 18일 초판 발행

"비버챌린지 II: 비버챌린지로 배우는 소프트웨어(초등학생용)"을 구입해 주셔서 감사드립니다. 편집과정에서 미처 수정하지 못한 오타 등의 잘못을 바로잡습니다. 미리 발견하여서 수정하지 못한 점 깊이 사과드립니다.

위치	수정 전	수정 후
131p	그렇다면 버튼을 3번, 4번, …, 10번 누르면 어떤 모양이 나올까요? 어떤 패턴을 찾을 수 있을지 생각해 봅시다.	[삭제]
163p	'클라라는 꽃을 좋아해'를 해결하기 위한 절차를 순서대로 말로 나타내어볼까요?	[삭제]

169p

수정 전

	1단계	2단계	3단계	조건 만족 여부
A	×	○	○	×
B	○	○	×	○
C	○	×	○	○
D	○	○	○	○

수정 후

	1단계	2단계	3단계	조건 만족 여부
A	×	○	○	×
B	○	○	×	×
C	○	×	○	×
D	○	○	○	○

강의용 교안 제공 [교사회원 전용]

생능출판사 홈페이지(https://booksr.co.kr/)에서 회원가입 후 '비버챌린지2'로 검색하면 [강의자료]에서 강의용 교안 PPT 파일을 다운로드하여 사용할 수 있습니다.

함께 즐기는 컴퓨팅 사고와 정보과학

비버챌린지 II

비버챌린지로 배우는 소프트웨어

한국비버챌린지(Bebras Korea) 지음

초등학생용

©BEBRAS KOREA

생능출판

집필진

전수진(호서대학교)
전용주(안동대학교)
정웅열(백신중학교)
김지혜(충북고등학교)
김도용(인천석정초등학교)
김수빈(안산석수초등학교)
김슬기(선부초등학교)
김승수(행정초등학교)
김은지(웅천초등학교)
김태훈(도남초등학교)
서웅(대하초등학교)
전형기(태인초등학교)
조진호(학천초등학교)
한정민(봉일천초등학교)

검토진

김동윤(아주대학교)
김인주(대전동광초등학교)
김재현(성균관대학교)
정인기(춘천교육대학교)
예홍진(아주대학교)

비버챌린지 II: 비버챌린지로 배우는 소프트웨어(초등학생용)

초판 인쇄	2019년 10월 11일
초판 발행	2019년 10월 18일

지 은 이   한국비버챌린지(Bebras Korea)
펴 낸 이   김승기
펴 낸 곳   (주)생능출판사 / 주소 경기도 파주시 광인사길 143
출 판 사   등록일 2005년 1월 21일 / 신고번호 제406-2005-000002호
대표전화   (031)955-0761 / 팩스 (031)955-0768
홈페이지   www.booksr.co.kr

책임편집   유제훈 / 편집   신성민, 김민보, 권소정
디 자 인   유준범(표지디자인) / 디자인86(본문디자인)
마 케 팅   최복락, 김민수, 심수경, 차종필, 백수정, 최태웅, 김범용
인쇄/제본   영신사

I S B N   978-89-7050-989-1
정가   15,000원

머리말

안녕하십니까?

비버챌린지는 현재 세계 70여 개국에서 시행되고 있는 최고의 컴퓨팅 사고력 챌린지입니다. 한국비버챌린지(Bebras Korea)는 2016년 국제비버챌린지워크숍에 처음 참가하였고 2017년 비버챌린지의 공식 회원국이 됨에 따라 비버챌린지 문제 출제 및 선정, 영문 번역 및 국제비버챌린지 문제 제출, 워크숍 참석, 비버챌린지 문제 수정 및 선정, 참가 신청 접수 및 챌린지 시행 등 본격적인 운영을 시작하였습니다. 이에 비버챌린지 2018에는 32,995명의 학생들이 참가하는 등 컴퓨팅 사고력 중심의 정보 교육 문화를 만들어가고 있습니다.

비버챌린지가 지향하는 목표는 우리나라의 정보(SW) 교육이 지향하는 컴퓨팅 사고력, 정보문화소양, 협력적 문제해결력 함양과 같은 맥락에 있으며, 그 내용 또한 정보교육에 관한 흥미 유발, 개념 형성 및 적용 등이 가능하다는 점에서 지도 교사 및 학생의 뜨거운 반응을 일으켰습니다. 또한 단순한 이벤트를 넘어서 정보 교육의 교수·학습 및 평가에 관한 양질의 콘텐츠로서의 가능성을 확인할 수 있었습니다.

그간 한국비버챌린지에서는 초·중등 정보(SW) 교육 현장을 실제적으로 지원하기 위한 목적으로 비버챌린지 문제를 정보 수업의 학습문제, 학습활동, 학습평가로 연계시킬 수 있는 방안을 제시하기 위해 30여 편의 연구를 수행하였으며, 그 결과를 바탕으로 하여 본 교재를 출간하기에 이르렀습니다. 이 작업을 위해 수십 명의 교수님, 선생님이 봉사와 헌신의 마음으로 서로의 지혜와 지식을 한데 모았습니다. 이 지면을 통하여 수고하여주신 모든 분에게 진심 어린 감사를 드립니다.

지금은 작은 시작에 불과하지만 비버챌린지를 통한 컴퓨팅 사고력 중심의 정보(SW) 교육이 확산되고, 온 국민이 정보(SW) 교육의 가치를 이해하는 그날까지 한국비버챌린지의 노력은 계속될 것입니다. 우리나라가 세계를 선도하는 컴퓨팅 사고력 강국이 되기를 기원하며 비버챌린지II를 여러분께 바칩니다.

저자 일동

이 책의 활용 방법

6단계 학습 방법

1단계
무엇을 배울까?
흥미로운 사례와 함께
학습내용을 확인합니다.

2단계
생각열기
일상 생활 문제를 통해
학습목표를 이해합니다.

3단계
도전! 비버챌린지
학습내용을 바탕으로 스스로
문제와 활동지를 통해 비버챌린지에 도전합니다.

4단계
컴퓨팅 사고력 키우기
컴퓨팅 사고를 바탕으로 비버챌린지 문제를
해결하는 방법을 이해합니다.

5단계
한 걸음 더!
지금까지의 학습을 바탕으로
새로운 프로젝트에 도전합니다.

6단계
스스로 평가하기
학습목표를 달성했는지 스스로 확인합니다.

목차

프로그램과 교사용 지도서 제공 안내

① 프로그램 활용하기

http://bit.ly/2Oz0cqR에 접속하면 본문에 삽입된 엔트리 소스 코드를 한눈에 살펴볼 수 있습니다.

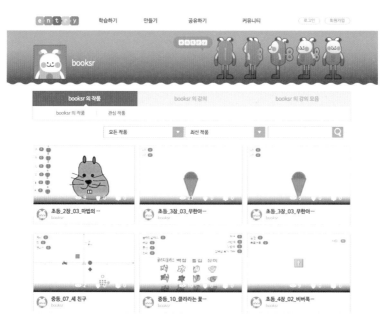

② 교사용 지도서 활용하기[교사회원 전용]

생능출판사 홈페이지(https://booksr.co.kr/)에서 회원가입 후 '비버챌린지2'로 검색하면 [보조자료]에서 교사용 지도서 PDF 파일을 다운로드하여 사용할 수 있습니다.

1장

소프트웨어의 이해

교육과정 성취기준

[6실04-07] 소프트웨어가 적용된 사례를 찾아보고 우리 생활에 미치는 영향을 이해한다.

1장

소프트웨어의 이해

우리 집 안과 밖의 모든 가전제품과 통신 장비들이 서로 연결되어 데이터를 주고받을 수 있다면 어떨까요? 최근에는 통신[1]과 정보기술의 발달로 집에서 쓰는 생활가전도 다양한 소프트웨어가 내장되어 그 기능이 향상되고 있습니다.

각종 기술이 모여 있는 홈 네트워크[2] 시스템은 여러 장치와 소프트웨어를 연결하여 사람들의 주거 환경을 더욱 편리하게 만들고 있습니다. 예를 들어, 집 밖에서도 스마트폰으로 집 안의 조명, 에어컨, 커튼 등을 작동시킬 수 있으며, 가전제품끼리의 데이터 전송을 통해 집안을 감시하고 외부의 침입으로부터 안전하게 지켜줄 수도 있습니다.

[1] 통신: 인간의 의사·지식·감정 또는 정보를 서로 주고받는 현상

[2] 홈 네트워크: 집안의 모든 가전제품과 정보통신 기기 간에 데이터를 주고받을 수 있는 통로를 제공하고 외부 인터넷망에 접속하여 지능화된 상호작용이 가능하게 하는 시스템

또한, 과거에는 CCTV에 찍힌 범인을 찾아내기 위해 사람이 밤을 새워 영상을 살펴보아야 했습니다. 하지만 오늘날에는 작동시킬 얼굴이나 패턴을 감지하는 기술을 통해 순식간에 범인을 찾아낼 수 있게 되었습니다. 이처럼 이미지에서 패턴을 감지해 내는 기술은 우리 생활을 편리하게 만들 수 있습니다.

01 이진수 대문

생각열기

③ 센서: 열, 빛, 온도, 압력, 소리 등의 물리적인 양이나 그 변화를 감지하여 알려주는 부품이나 기구. 스크래치에 연결되는 피코보드나 엔트리에 연결되는 E-센서보드에는 버튼, 슬라이더, 빛 센서, 소리 센서 등이 있다.

　　여러분은 대형마트 주차장 각 칸의 위에 달린 표시등을 본 적이 있나요? 이 표시등은 주차장의 각 칸이 현재 비어 있는지 아닌지를 표시해 주어 멀리서도 주차가 가능한 공간을 알 수 있도록 도와줍니다. 또한 현재 주차 공간이 얼마나 남아 있는지를 알려주기도 합니다. 이러한 시스템은 자동차가 주차되어 있는지 센서[3]를 통해 인식합니다. 그렇다면 인식한 센서 정보 시스템이 처리할 수 있도록 하려면 정보를 어떻게 표현해야 할까요?

④ 이진수: 0과 1을 이용하여 수를 표현한다.

⑤ 십진수: 0, 1, 2, 3, 4, 5, 6, 7, 8, 9를 이용하여 수를 표현한다.

　　이번 시간에는 비버챌린지의 '2진수 대문' 문제와 5개의 손가락으로 이진수[4]를 표현하고 십진수[5]로 바꿔보는 놀이 활동을 통해 이진수로 정보를 표현하는 방법에 대해 알아보겠습니다.

도전! 비버챌린지

※ 비버챌린지의 '이진수 대문(2017, 아제르바이잔)' 문제를 해결해봅시다.

문제의 배경

비버들은 찾아오는 손님들을 환영하고 서로 방문하는 것을 좋아한다. 하지만 비버들은 자주 집을 비운다. 그래서 비버들은 대문의 상태가 어떤 정보를 표시할 수 있도록 하여 자신의 집을 찾아오는 손님들에게 알림 문장을 남기려고 한다.

비버들은 대문에 걸치는 3개의 막대기를 이용해 다음과 같은 4가지의 알림 문장을 만들어냈다.

지금 집에 있습니다. 들어오세요.	점심에 돌아올 예정입니다.	저녁에 돌아올 예정입니다.	밤중에 돌아올 예정입니다.
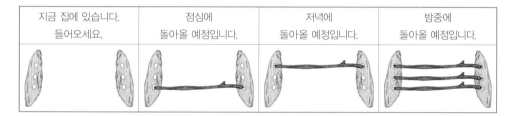			

하지만 어린 비버 영희는 대문에 걸치는 막대기의 모양을 변화시켜 4개 이상의 서로 다른 알림 문장을 만들어 낼 수 있다고 생각했다.

영희는 대문에 걸치는 막대기들이 다음과 같은 조건들을 만족해야 한다는 것을 안다.

• 막대기들은 같은 높이에 맞춰 양쪽 모두 걸쳐야 하고, 한 쪽만 걸칠 수는 없다.
• 대문에 걸치는 막대기의 모양이나 연결 방향은 별다른 의미가 없다.

문제/도전

문제에 주어진 것과 같이, 3개의 막대기를 이용해 표현할 수 있는 서로 다른 알림 문장의 개수는 최대 몇 개일까? (문제에 주어진 4개도 함께 포함시킨다.)

A) 6개   B) 8개   C) 12개   D) 16개

활동지

1 다음과 같이 손가락마다 숫자를 정하여 편 손가락의 숫자들을 더하여 답을 구하시오.

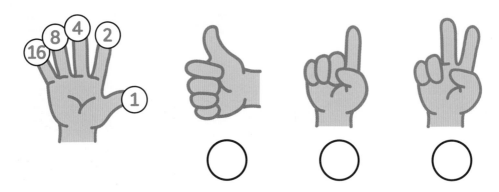

– 다섯 개의 손가락으로 나타낼 수 있는 가장 큰 값은 얼마일까요?

– 손가락 5개로 표현할 수 있는 숫자의 개수는 얼마일까요?

2 아래와 같은 각각의 기호를 보고 순서에 맞추어 0과 1로 이루어진 이진수로 표현해 봅시다. 그리고 그 이진수를 십진수로도 나타내 봅시다.

✔✔✗✗✔ = (✔=1, ✗=0)	☼🐛🐛☼ = (☼=1, 🐛=0)
↑↓↓ = (↑=1, ↓=0)	☺☹☹☹ = (☺=1, ☹=0)

활동지

※ 다음을 읽고 제시된 문제를 해결해봅시다.

➡ 비버는 찾아오는 손님들을 위해서 무엇을 하려고 하나요?

➡ 비버들이 메시지를 만들기 위해 사용한 것은 무엇인가요?

➡ 대문에 걸치는 막대기로 메시지를 만들 때 만족시켜야 하는 조건은 무엇인가요?
(맞는 표현에 ○표)

> 1. 막대기들은 (같은, 다른) 높이에 맞춰 양쪽 모두에 걸쳐야 하고 한쪽만 걸칠 수 (없다., 있다.)
>
> 2. 대문에 걸치는 막대의 모양이나 연결 방향은 (별다른 의미가 없다., 특별한 의미가 있다.)

➡ 몇 개의 막대기를 사용할 수 있나요?

➡ 한 번에 몇 개의 막대기를 사용할 수 있나요?

활동지

※ 문제 해결 결과를 아래에 그림으로 표시하고 이진코드로 표현하여 정리해 봅시다.

'걸쳐 있는 것': 1, '걸쳐 있지 않은 것': 0

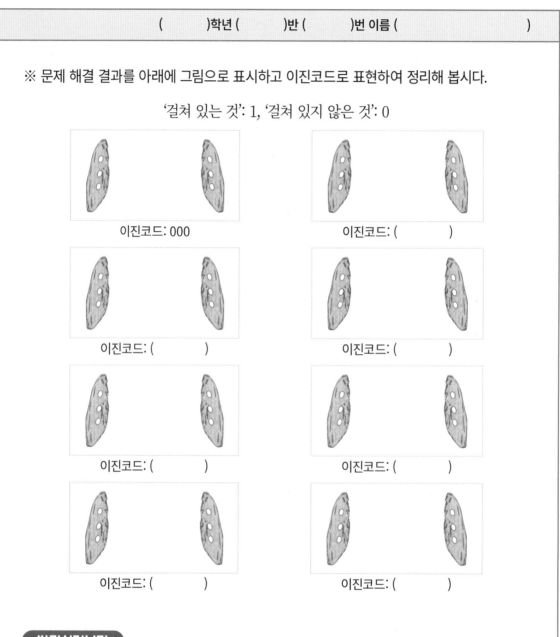

이진코드: 000

이진코드: ( )

이진코드: ( )

이진코드: ( )

이진코드: ( )

이진코드: ( )

이진코드: ( )

이진코드: ( )

발전시켜보기

비버 집의 대문이 오른쪽과 같이 5개의 구멍이 있고 5개의 막대기를 이용하여 메시지를 표시한다면 모두 몇 가지의 메시지를 표시할 수 있을까요?

컴퓨팅 사고력 키우기

'이진수 대문' 문제를 어떻게 해결할 수 있을까요?

'이진수 대문' 문제에서 비버는 자신의 집을 찾아오는 손님들을 위해 대문을 이용하여 메시지(알림 문장)를 남기려고 합니다. 또한, 비버들은 메시지를 만들기 위해 대문에 걸치는 3개의 막대기를 사용하였습니다. 대문에 걸치는 막대기로 메시지를 만들 때 만족시켜야 하는 조건은 다음과 같습니다.

> 1. 막대기들은 같은 높이에 맞춰 양쪽 모두에 걸쳐야 하고 한쪽만 걸칠 수 없다.
> 2. 대문에 걸치는 막대의 모양이나 연결 방향은 별다른 의미가 없다.

따라서 0개, 1개, 2개, 3개의 막대기로 메시지를 표시할 수 있는 모든 경우를 그려보고, 이를 0과 1의 이진 코드로 표현해 보면 다음과 같습니다(걸쳐 있는 것: 1, 걸쳐 있지 않은 것: 0).

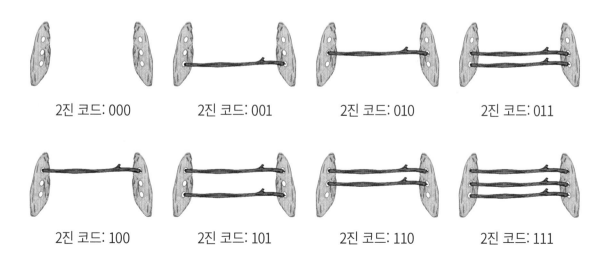

2진 코드: 000 2진 코드: 001 2진 코드: 010 2진 코드: 011

2진 코드: 100 2진 코드: 101 2진 코드: 110 2진 코드: 111

이와 같이, 3가지의 높이로 양쪽으로 걸쳐지는 각각의 막대기는 '걸쳐 있는 것'과 '걸쳐 있지 않은 것'의 2가지 상태만 가능하며, 3개의 막대기 각각을 걸칠지 걸치지 않을지 여부에 따라 가능한 모든 경우를 계산해 보면, 0과 1의 2가지 경우가 3번이므로 총 8가지가 됩니다.

$$2 \times 2 \times 2 = 8$$

이러한 이진의 표현 체계를 이용하여 주변의 상황을 표현하게 되면 보다 효율적으로 문제를 해결할 수 있습니다. 그뿐만 아니라, 이진 표현을 이해하는 것은 컴퓨터에 명령을 내려 문제를 해결하기 위해 매우 중요합니다. 왜냐하면 컴퓨터는 '전압이 높은 것'과 '전압이 낮은 것'의 2가지 방식을 기초로 하여 정보를 처리하기 때문입니다.

이렇게 자료를 0과 1로 표현하는 것을 우리는 디지털이라고 합니다. 따라서 아날로그로 표현되는 우리의 생각이나 경험을 디지털인 0과 1로도 표현해 볼 수 있습니다. 이와 같이 세상에는 0과 1로 표현할 수 있는 것들이 많이 있습니다. 아래와 같은 여러 가지 기호를 0과 1로 이루어진 이진수로 표현해 봅시다.

✔✔✗✗✔ = 11001
(✔=1, ✗=0)

☼ ᴥ ᴥ ☼ = 1001
(☼=1, ᴥ=0)

↑↓↓ = 100
(↑=1, ↓=0)

☺☹☹☹ = 1000
(☺=1. ☹=0)

위 기호들과 같이 '아니다-맞다', '맑다-흐리다', '위로-아래로', '슬프고-기쁘고' 등의 표현을 컴퓨터가 이해할 수 있도록 0과 1로 표현할 수 있습니다.

이외에 0과 1로 표현할 수 있는 것에는 어떤 것들이 있을까요?

컴퓨터과학자들은 컴퓨터 전기의 흐름을 0과 1로 표현했습니다. 간단한 조건문(선택 구조)[6]을 생각해 보아도 컴퓨터는 항상 '예' 아니면 '아니오' 둘 중 하나를 선택합니다. 사람이 동시에 3가지 이상의 선택지 중 하나를 단번에 고를 수 있는 것과는 매우 다른 방식입니다. 따라서 우리가 정보를 이진으로 표현해 주어야 컴퓨터에 전달할 수 있습니다. 이렇게 0과 1만을 사용하여 숫자를 표현하는 방법을 이진법이라고 합니다. 그리고 우리가 사용하는 숫자 표현 방법은 0부터 9까지의 10개의 숫자를 사용하기 때문에 십진법이라고 합니다.

[6] 조건문: 주어진 조건에 따라 서로 다른 명령을 할 수 있도록 하는 프로그램 명령문

컴퓨터는 문자, 숫자, 이미지, 동영상, 소리 등 다양한 정보를 저장하고 처리합니다. 그런데 컴퓨터는 모든 정보를 0과 1로 저장한다는 사실을 알고 있나요? 우리가 인터넷에서 볼 수 있는 다양한 영상들도 컴퓨터는 0과 1로 저장합니다. 그렇다면 컴퓨터는 이러한 다양한 정보를 어떻게 단지 0과 1로 저장할수 있을까요?

아래와 같이 손가락으로 숫자를 표현한다고 생각해 봅시다. 먼저, 손가락마다 다른 값을 정해 줍니다. 첫 번째 엄지손가락의 값은 1이라고 생각합니다. 두번째 집게손가락의 값은 2, 세 번째 중지 손가락의 값은 4라고 생각합니다. 규칙을 찾았나요? 네 번째 약지 손가락의 값은 8이 됩니다. 그러면 새끼손가락의 값은 얼마가 될까요? 바로 16입니다. 이러한 손가락 숫자는 엄지손가락부터 1로 시작하여 2씩 계속 곱해 나가면 알 수 있습니다.

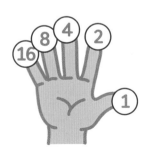

손가락으로 0과 1을 표현한다면 어떻게 할 수 있을까요? 다양한 방법이 있겠지만 0은 손가락을 접은 것으로, 1을 손가락을 편 것으로 생각해 봅시다. 그리고 편 손가락에 해당하는 숫자들을 더해서 십진수로 표현해 볼 수 있습니다. 즉, 엄지손가락 하나는 이진수로 1이고 십진수로도 1, 두 번째 손가락 하나는 이진수로 10이고 십진수로는 2입니다. 또, 두 번째와 세 번째 손가락은 이진수로 110이고 십진수로는 2와 4를 더해서 6이 됩니다.

이진수 표현	00001	00010	00110
십진수 표현	1	2	4 + 2 = 6

그렇다면 다섯 개의 손가락으로 나타낼 수 있는 가장 큰 값은 얼마일까요? 바로 손가락을 다 펼치고 값을 더해보면 31이라는 숫자가 나옵니다. 그리고 이렇게 손가락 5개로 표현할 수 있는 숫자는 0~31까지 총 32개입니다.

스스로 평가하기

평가항목	매우 우수	우수	보통
이진수의 개념을 설명할 수 있나요?			
실생활의 여러 상황을 이진수로 표현할 수 있나요?			
주어진 문제를 이진수로 표현하여 해결할 수 있나요?			

02 가나다라마 군도

생각열기

우리가 인터넷 창에 입력한 검색어는 인터넷 선으로 연결된 네트워크를 통해서 해당 서버[7]로 전달됩니다.

네트워크는 사람과 사람이 서로 관계로 연결된 것을 의미하기도 하지만, 컴퓨팅 시스템에서는 두 개 이상의 장치나 컴퓨터가 서로 데이터를 주고받도록 연결해 놓은 것을 말합니다. 여러 장치나 컴퓨터들이 케이블과 같은 선을 통해 연결되어 있다면 서로 데이터를 주고받으면서 우리 생활을 보다 편리하게 해줄 수 있습니다.

⑦ 서버(server): 가까운 거리의 통신망에서 여러 가지 처리기능을 서비스해주는 컴퓨터(프로그램)

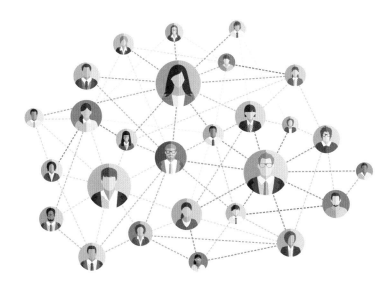

이번 시간에는 '내 이름을 찾아줘!' 게임 활동과 비버챌린지의 '가나다라마 군도' 문제를 통해 네트워크를 이해하고 네트워크 시스템이 우리 생활에 미치는 영향에 대하여 알아보겠습니다.

※ 비버챌린지의 '가나다라마 군도(2017, 독일)' 문제를 해결해봅시다.

문제의 배경

가나다라마 군도는 가, 나, 다, 라, 마라는 다섯 개의 아름다운 섬으로 이루어져 있다. 가장 큰 섬인 '가'는 굵은 케이블 선으로 인터넷에 연결되어 있다. 그리고 얇은 케이블 선들은 '가' 와 '나', '가'와 '라', '라'와 '다', '라'와 '마'를 연결한다. 이러한 케이블 연결을 통해, 모든 섬들은 '가'와 연결되어 있으므로 모든 섬에서 인터넷이 된다.

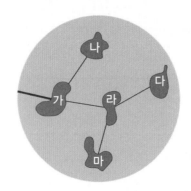

가나다라마 군도의 사람들은 다른 섬들을 연결하는 얇은 케이블 하나가 고장 나더라도 모든 섬에서 인터넷이 되길 원한다.

문제/도전

섬 사이에 얇은 케이블을 2개만 더 연결해서 군도 사람들이 원하는 형태의 네트워크를 만들기 위해서 다음 중 가장 적절한 것은?

A) '가'와 '마' 사이, '나'와 '다' 사이

B) '가'와 '마' 사이, '다'와 '마' 사이

C) '라'와 '나' 사이, '나'와 '다' 사이

D) 케이블 연결을 2개 더 추가해서는 만들 수 없다.

활동지

| ( )학년 ( )반 ( )번 이름 ( ) |

※ 다음을 읽고 제시된 문제를 해결해봅시다.

➡ 각 섬에서 인터넷이 되려면 다른 섬과 무엇이 연결되어 있어야 하나요?

( )

➡ '가'섬과 '나'섬을 잇는 '가-나'케이블이 끊어지면 '나'섬에서는 인터넷이 될까요?

(O / X)

➡ '가-나'케이블이 끊어진 상태에서, '나'섬과 '다'섬을 잇는 '나-다'케이블이 새로 생기면 '나'섬에서는 인터넷이 될까요?

(O / X)

> 위의 경우에서 알 수 있듯이 각 섬을 잇는 케이블의 수가 1개이면 케이블이 끊어졌을 때 인터넷이 안됩니다. 하지만 케이블이 ( )개 이상이면 하나가 끊어져도 인터넷이 될 수 있습니다.

➡ 문제에서 케이블이 하나만 이어져 있는 섬은 3개가 있습니다. 어떤 섬들일까요?

(섬 , 섬 , 섬)

➡ 따라서 위의 세 섬이 모두 케이블이 2개 이상씩으로 이어진다면 케이블 하나가 고장 나도 모든 섬에서 인터넷이 될 것임을 알 수 있습니다.

발전시켜보기

➡ 케이블을 2개 더 연결해서 모든 섬에서 인터넷이 될 수 있게 하는 방법은 문제에서 주어진 답 말고도 5가지가 더 있습니다. 모두 써 봅시다.

(나 - 다, 가 - 마), (- , -), (- , -),

(- , -), (- , -), (- , -)

컴퓨팅 사고력 키우기

'가나다라마 군도' 문제를 어떻게 해결할 수 있을까요?

가나다라마 군도 문제에서 굵은 케이블 선에 연결된 섬은 '가'섬입니다. 그리고 얇은 케이블 선은 '가'와 '나', '가'와 '라', '라'와 '다', '라'와 '마'를 연결하고 있습니다. 이 군도에서 살고 있는 사람들은 복구형 인터넷 네트워크, 즉 다른 섬들을 연결하는 얇은 케이블 하나가 고장 나더라도 모든 섬에서 모든 섬에서 인터넷이 되도록 하는 것을 원하고 있습니다. 또한, 복구형 네트워크로 만들기 위해 추가할 수 있는 케이블은 단지 2개뿐입니다.

이렇게 문제에서 주어진 조건들을 생각하며 가나다라마 군도 문제의 해결방법을 탐색해 봅시다. 추가로 케이블을 연결할 수 있는 곳은 아래와 같이 4군데입니다.

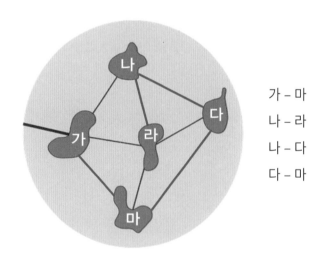

가 – 마
나 – 라
나 – 다
다 – 마

따라서, 2개의 케이블을 추가할 수 있는 경우는 다음과 같이 6가지입니다. 각각의 방안에 대하여 어떤 한 곳의 케이블이 끊어질 경우 모든 섬의 인터넷이 가능한지 확인해 보면 다음과 같습니다.

	가-마	나-라	나-다	다-마
1안	○	○		
2안	○		○	
3안	○			○
4안		○	○	
5안		○		○
6안			○	○

그중에서 첫 번째 경우와 같이 섬 '가-마'와 섬 '나-라'를 연결하였을 때, 어느 한 곳의 연결이 끊어졌을 경우 고립되는 섬이 있는지를 확인해 보면 다음과 같습니다. 즉, '라-다'의 연결이 끊기면 섬 '다'가 고립됩니다. 따라서 첫 번째 방법으로 2개의 케이블 선을 추가하면 안 됩니다.

끊어진 곳	가-마	가-나	가-라	나-라	마-라	라-다
고립되는 섬	×	×	×	×	×	다

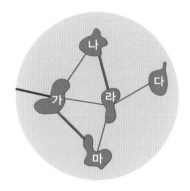

또한, 두 번째 경우와 같이 섬 '가-마'와 섬 '나-다'를 연결하였을 때, 어느 한 곳의 연결이 끊어졌을 경우 고립되는 섬이 있는지를 확인해 보면 다음과 같습니다. 이 경우에는 어느 곳이 끊어지더라도 고립되는 섬이 생기지 않는다는 것을 확인할 수 있습니다.

끊어진 곳	가-마	나-다	가-나	가-라	다-라	라-마
고립되는 섬	×	×	×	×	×	×

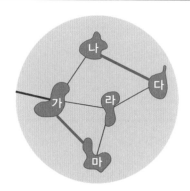

이와 같이 나머지 경우도 고립되는 섬이 있는지 확인해 보면 아래와 같이 정리할 수 있습니다. 따라서 2개의 케이블을 추가하여 고립되는 섬이 없도록 하려면 '가-마'와 '나-다', '나-라'와 '다-마', '나-다'와 '다-마'의 3가지 방법으로 연결하면 됩니다.

	가-마	나-라	나-다	다-마	고립되는 섬
1안	○	○			다
2안	○		○		×
3안	○			○	나
4안		○	○		마
5안		○		○	×
6안			○	○	×

결국 이 문제는 섬을 연결하는 케이블이 각각의 섬마다 2개 이상이 되도록 만들면 해결할 수 있습니다.

이러한 방식으로 홈 네트워크 시스템을 비롯하여 컴퓨터, 휴대폰, 텔레비전, 냉장고 등의 기기는 모두 인터넷으로 연결될 수 있으며, 각각의 기기는 가나다라마 군도의 각 섬과 같다고 할 수 있습니다.

네트워크는 교통망을 연결하는 네트워크, 무언가를 공급해 주는 망 네트워크 등의 다양한 종류가 있습니다. 이러한 네트워크들이 안전하게 유지되기 위해서는 네트워크의 어떤 두 지점 사이의 연결이 끊겨도 전체 네트워크에 대한 통신이 끊김 없이 이루어져야 합니다. 이러한 구조의 네트워크 시스템은 언제든 데이터를 주고받을 수 있게 함으로써 우리 생활을 보다 편리하게 해줍니다.

한 걸음 더!

🎲 내 이름을 찾아줘! 게임 활동하기

'내 이름을 찾아줘!' 게임의 목표는 모둠원 전원이 자신의 이름이 적힌 종이 컵을 가져오는 것입니다. 활동 준비하기와 활동 규칙과 조건의 내용을 보고 네트워크 게임을 해 봅시다.

☁ 준비하기

1. 6명 정도로 모둠을 만든다.
2. 한 사람당 같은 색의 색종이 컵 2개를 갖고, 한 사람만 1개의 종이컵을 갖는다.
3. 자신의 색종이 컵 바닥 부분에 자신의 이름을 적는다.
4. 모둠원들의 모든 컵을 섞어서 다른 사람의 종이컵 2개를 갖는다.

☁ 활동 규칙과 조건

1. 한 손에는 하나의 종이컵만 가지고 있을 수 있다.
2. 바로 옆 친구의 한 손이 비어 있을 경우에만 전달할 수 있다.
3. 모든 모둠원이 자신의 종이컵을 가져오게 되면 완성!

스스로 평가하기

평가항목	매우 우수	우수	보통
네트워크 놀이 활동에 협력적으로 참여하였나요?			
네트워크의 쓰임에 대하여 알고 있나요?			
네트워크가 우리 생활에 미치는 영향을 이해하였나요?			

03 웃어 주세요

생각열기

여러분은 사람들을 어떻게 알아볼 수 있나요? 사람은 가족이나 친구들의 얼굴을 어떤 방법으로 구별하고 확인하는 걸까요?

오늘날의 기계나 컴퓨터도 보는 법을 배우고 있습니다. 이러한 기술의 발전은 우리 생활에 편리함을 가져다주고 있습니다. 아래 그림과 같이 휴대전화의 주인만이 잠금을 해제할 수 있도록 주인의 얼굴을 인식하는 방법이 사용되곤 합니다.

이처럼 컴퓨터가 사람 얼굴을 인식하여 잠금을 해제하는 일은 어떻게 가능한 것일까요? 우리가 어떤 것을 보는 것과 컴퓨터가 어떤 것을 본다는 것은 같은 의미일까요? 이들 사이에는 어떤 차이가 있을까요? 그리고 얼굴을 인식하는 방법을 우리 생활에서 어떻게 활용할 수 있을까요?

이번 시간에는 비버챌린지의 '웃어 주세요' 문제를 통해 소프트웨어가 우리 생활에 미치는 영향에 대하여 알아보도록 하겠습니다.

도전! 비버챌린지

※ 비버챌린지의 '웃어 주세요(2017, 독일)' 문제를 해결해봅시다.

문제의 배경

비버는 카메라 이미지에서 웃는 얼굴을 감지하는 시스템을 개발했다. 그것은 두 단계로 작동한다.

1) 사전 처리: 얼굴 이미지를 눈과 입의 위치를 나타내는 두 개의 점과 선으로 이루어진 미소검사 얼굴 모델로 바꾼다.

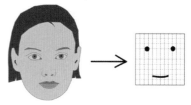

2) 미소 감지: 미소검사 얼굴 모델은 빨간색 선과 네 개의 녹색 점으로 이루어진 모형을 이용해 검사된다.

미소검사 얼굴 모델의 점과 선이 모두 모형의 녹색 점에 닿아 있고, 선의 모형이 빨간색 선에 닿지 않았을 때만 웃는 얼굴로 인정된다.

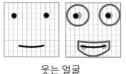

| 웃는 얼굴 | 웃지 않는 얼굴 |

문제/도전

다음 사전 처리된 이미지 중에서 웃는 얼굴은 몇 개인가?

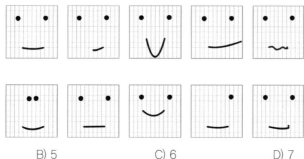

A) 4   B) 5   C) 6   D) 7

활동지

※ 다음을 읽고 제시된 문제를 해결해봅시다.

➥ 웃는 얼굴의 조건은 무엇인가요?

조건 1	미소 검사 얼굴 모델의 점과 선이 모두 모형의 녹색 점에 (닿아 있어야 / 닿지 말아야) 합니다.
조건 2	점과 선이 빨간색 선에 (닿아야 / 닿지 않아야) 합니다.

➥ 직접 빨간 동그라미와 녹색 점을 그리면서 웃는 얼굴을 찾고 밑의 표를 채워봅시다.

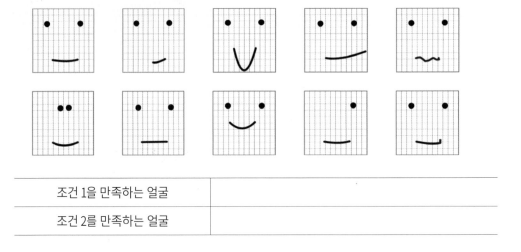

조건 1을 만족하는 얼굴	
조건 2를 만족하는 얼굴	

➥ 따라서 조건1과 조건2를 모두 만족하는 얼굴은 모두 ( )개입니다.

컴퓨팅 사고력 키우기

'웃어 주세요' 문제를 어떻게 해결할 수 있을까요?

이 문제를 해결하기 위해서는 주어진 조건을 정확히 이해하고, 이를 활용해서 비버 프로그래머가 만든 시스템에 맞는 웃는 얼굴을 찾아내어야 합니다.

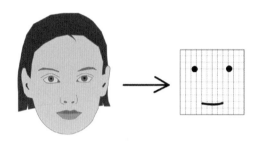

비버는 이미 사전 처리가 된 이미지 10개를 우리에게 제시하고 있습니다.

문제에서의 전처리는 얼굴 이미지를 눈과 입의 위치를 나타내는 두 개의 점과 선으로 이루어진 미소검사 얼굴 모델로 바꾸는 작업에 해당됩니다.

미소 감지는 주어진 이미지 중에서 웃고 있는 얼굴을 찾는 방법입니다. 문제에서는 빨간색 선과 네 개의 녹색 점으로 이루어진 모형을 이용해 검사한다고 되어 있습니다.

이 검사 방법에는 두 가지 조건이 제시됩니다.

첫 번째 조건은 미소 검사 얼굴 모델의 점과 선이 모두 모형의 녹색 점에 닿아 있어야 합니다.

두 번째 조건은 점과 선이 빨간색 선에 닿지 않아야 합니다.

이 두 가지 방법 모두를 충족하는 이미지를 웃는 얼굴이라고 판단하게 되는 것입니다.

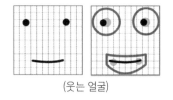
(웃는 얼굴)

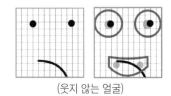
(웃지 않는 얼굴)

보기를 살펴볼까요?

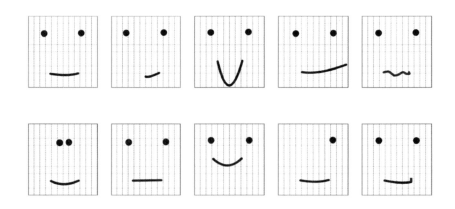

사전 처리된 10개의 이미지 중에서 첫 번째 조건을 만족하는 것은 1,3,4,5,7,10 이렇게 6개입니다. 두 번째 조건을 만족하는 것은 1,2,5,7,9,10입니다. 그래서 첫 번째 조건과 두 번째 조건 모두를 만족하는 이미지는 1,5,7,10으로 총 4개의 이미지가 웃는 얼굴이라는 것을 알 수 있습니다.

문제에 주어진 현재 상태와 목표 상태가 무엇일까요?

현재 상태	이 문제의 현재 상태는 여러 가지 웃는 얼굴들이 10개 있고, 이 중에서 웃는 얼굴을 찾는 미소 감지 검사 방법을 제시하고 있다.
목표 상태	주어진 미소 감지 규칙에 따른 웃는 얼굴을 찾아내는 것이다.

  문제를 해결하기 위한 방법을 어떻게 찾을 수 있을까요? 먼저 문제분석의 결과를 참고하여, 문제를 해결하기 위한 필수적인 요소를 찾아봅시다. 그리고 이것을 바탕으로 문제를 해결하기 위한 다양한 아이디어나 접근 방법을 제시하여 봅시다. 이를 위해 친구들이나 다른 사람과 상의해 볼 수도 있습니다.

■ 문제 해결에 필수적인 요소: 사전 처리된 이미지들, 미소감지 방법
■ 문제를 해결하기 위한 아이디어나 접근 방법
  1. 모눈의 개수를 따져 사전 처리된 이미지들이 미소감지 방법의 규칙에 맞는지 확인해 본다.
  2. 사전 처리된 이미지들이 미소감지 방법의 규칙에 해당되는지 알아본다. 이를 위해 미소감지 방법을 투명한 필름에 그려 사전 처리된 이미지들을 확인하는 데 사용해 본다.

한 걸음 더!

여러분은 이 문제 속의 비버가 만든 '사전 처리'와 '미소 감지' 시스템에 대해서 어떻게 생각하나요? 이 시스템을 실제로 사용하게 된다면 모든 사람이 편리하게 사용할 수 있을까요? 문제점은 없을까요? 문제가 있다면, 어떤 방법을 사용하여 보완할 수 있을까요?

1) '사전 처리' 과정에서 생길 수 있는 문제에 대해서 다음과 같이 생각해 볼 수 있다.

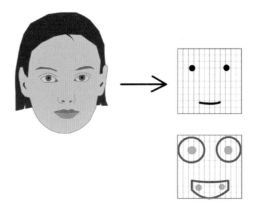

	문제점
얼굴 이미지를 '눈과 입의 위치'로 나타내는 것	얼굴은 여러 가지 이미지로 이루어져 있는데, 눈과 입만으로 얼굴 이미지를 나타내면 문제가 생길 수 있음
눈과 입의 위치를 두 개의 점과 선으로 나타내는 것	눈이 작거나, 눈 한쪽이 불편한 사람은 사전 처리가 불가능해 차별이 발생할 수 있음
고려하지 못한 사항에 관한 문제점	얼굴의 각도, 가짜 얼굴, 얼굴에 내리쬐는 조명의 각도, 얼굴 외의 것과 얼굴의 구분(배경처리), 눈의 웃음 여부를 알 수 없음(사람이 정말 웃고 있는지는 눈의 모양이 더 중요한데 여기서 눈은 위치만 고려되고 있어 오류가 생길 수 있음)

2) '미소감지' 과정에서 생길 수 있는 문제에 대해서 다음과 같이 생각해 볼 수 있다.

	문제점
눈의 위치 및 크기	눈과 눈 사이가 가깝거나 먼 사람, 눈이 아래쪽에 있거나 위쪽에 있는 사람은 미소를 짓고 있어도 웃는 얼굴로 인식되지 않을 수 있음
입의 위치 및 크기	입의 위치 및 입의 크기에 따라 오류가 생길 수 있음. 입이 작은 사람은 화가 난 표정도 웃는 얼굴로 인식될 수 있음

3) '사전 처리' 과정에서 생길 수 있는 문제를 해결할 방법을 생각해 봅시다.

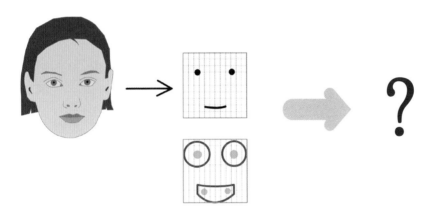

	개선방안
얼굴 이미지를 '눈과 입의 위치'로 나타내는 것	눈과 얼굴의 위치의 범위를 확대한다. 눈 이외에 코나 귀, 눈썹을 활용하여 이들 중 몇 가지 조건을 충족하도록 한다.
눈과 입의 위치를 두 개의 점과 선으로 나타내는 것	한쪽 눈의 끝, 끝 눈의 아래위 너비를 표현한다. 눈 이외에 다른 감각 기관도 표현하도록 한다.
고려하지 못한 사항에 관한 문제점	• 얼굴의 각도: 눈, 코, 귀 등의 관계를 고려하여 얼굴의 각도를 가늠할 수 있게 한다. • 가짜 얼굴: 눈의 깜빡임이나 얼굴의 변화가 없는지 체크하도록 한다. • 눈웃음을 체크하기 위해서 눈을 점으로 표현하지 말고 선으로 표현하도록 한다.

4) '미소감지' 과정에서 생길 수 있는 문제를 해결할 방법은 다음과 같다.

	개선방안
눈의 위치 및 크기	눈의 거리 및 위치는 얼굴이 미소짓는지 여부를 확인하는 데에 영향을 주지 않으므로 미소 감지 여부에 활용하지 않는다.
입의 위치 및 크기	입의 위치 또한 미소짓는지 여부를 판단하는 데 영향을 주지 않으므로 위치보다는 입술이 휘어진 각도 등을 확인할 수 있도록 구현한다.

스스로 평가하기

평가항목	매우 우수	우수	보통
웃는 얼굴의 조건을 파악하여 조건을 만족하는 웃는 얼굴을 찾았나요?			
사전처리와 미소패턴 감지 과정에서 생길 수 있는 문제점과 개선방안을 생각해 보았나요?			
얼굴을 인식하는 방법이 우리 생활에 어떻게 활용되는지 이해하였나요?			

ME
MO

2장

절차적 문제 해결

교육과정 성취기준

[6실04-08] 절차적 사고에 의한 문제 해결의 순서를 생각하고 적용한다.

2장

절차적 문제 해결

무엇을 배울까?

공부할 내용 절차적 사고

학습 목표 절차적 사고에 의한 문제 해결의 순서를 생각하고 적용한다.

문제를 효율적으로 해결하기 위해 문제를 작게 나누고, 각각의 문제를 단계별로 생각하는 과정을 절차적 사고라고 합니다.

여러분의 아바타[1]가 있다고 생각해 봅시다. 여러분 대신에 학교에 가줄 아바타에게 여러분이 아침에 일어나서 학교에 가는 과정을 설명하려고 합니다. 어떤 절차를 따라야 할까요?

① 아바타(avatar): 가상 공간에서 자기 자신을 나타내기 위해 사용하는 애니메이션 캐릭터

먼저, 여러분이 아침에 일어나서 학교에 가는 과정을 작은 단위로 나누어 봅시다.

예를 들어

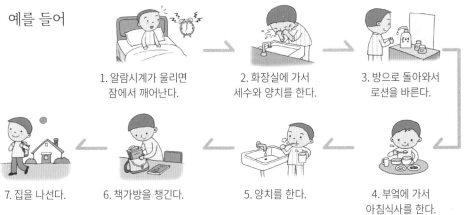

1. 알람시계가 울리면 잠에서 깨어난다.
2. 화장실에 가서 세수와 양치를 한다.
3. 방으로 돌아와서 로션을 바른다.
4. 부엌에 가서 아침식사를 한다.
5. 양치를 한다.
6. 책가방을 챙긴다.
7. 집을 나선다.

라고 표현할 수 있습니다.

(물론, 같은 순서인 친구들도, 다른 순서인 친구들도 있겠지요.)

이 단계를 아바타에게 단계별로, 차례대로 실행하도록 한다면 여러분 대신 아바타가 아침에 일어나서 학교에 가는 문제를 해결할 수 있을 것입니다.

또, 여러분이 나눈 문제 과정을 더 작은 과정으로 나눌 수도 있습니다.
예를 들어 '알람시계가 울리면 잠에서 깨어난다.'를 더 작은 과정으로 나누면,

1-1. 알람시계 소리를 듣는다.

1-2. 침대에서 일어나서 알람시계를 향해 걸어간다.

1-3. 알람시계 버튼을 눌러 알람을 끈다.

라고 표현할 수도 있습니다.

01 비슷한 요리

생각열기

여러분은 인스타그램, 유튜브 등에서 다른 사람들이 올린 게시물이나 동영상에 '좋아요'를 눌러본 적이 있나요? 그렇다면, 여러분이 표시한 '좋아요'는 다른 사람들에게는 어떻게 활용되고 있을까요?

게시물에 표시된 '좋아요' 숫자는 사람들이 여행할 장소나 맛집 등을 선택할 때 도움을 주는 자료로써 활용될 수 있습니다. 또한 SNS에서는 내가 자주 검색하거나 흥미를 가지고 있는 것들을 파악하여 보여주기도 합니다. 어떻게 이런 일이 가능할까요?

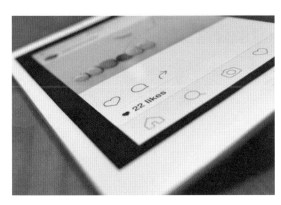

이것은 SNS를 통해 수많은 사람의 다양한 흥미와 관심에 대한 많은 양의 자료(big data)를 수집하고, 그것들을 활용했기에 가능한 모습들입니다.

이번 시간에는 비버챌린지의 '비슷한 요리' 문제를 통해 각각의 문제를 단계별로 생각하는 절차적 사고를 활용하여 주어진 보기의 서로 같은 점과 다른 점을 찾아내는 알고리즘에 대해 알아보겠습니다.

도전! 비버챌린지

※ 비버챌린지의 '비슷한 요리(2018, 헝가리)' 문제를 해결해봅시다.

문제의 배경

요리사가 저녁식사로 두 가지 요리를 준비하려고 한다. 하지만, 비슷한 요리를 준비하는 것은 원하지 않는다.

요리 재료가 2가지 이상 같으면, 두 요리는 서로 비슷한 요리가 된다.

문제/도전

다음 중 서로 비슷한 요리인 것은?

A) 치킨 수프와 파스타   B) 치킨 수프와 호두 샐러드

C) 치킨 수프와 계란 샐러드   D) 호두 샐러드와 케이크

컴퓨팅 사고력 키우기

'비슷한 요리' 문제를 어떻게 해결할 수 있을까요?

이 문제에서 주어진 현재 상태는 다음과 같습니다.

< 보 기 >

4가지 재료로 만들어지는 5가지의 요리가 있다.

저녁 식사로 2가지 요리를 준비하려고 한다.

요리재료가 2가지 이상 같으면 서로 비슷한 요리가 된다.

이 문제를 해결하기 위한 목표 상태는 다음과 같습니다.

< 보 기 >

서로 비슷한 요리 2가지를 찾는다.

문제를 해결하기 위해서는 각 요리의 4가지 재료 가운데 2가지 이상이 같은지 확인해보아야 합니다. 답안 A)의 치킨 수프와 파스타의 요리재료는 아래와 같은 표로 정리할 수 있습니다.

A)	치킨 수프	파스타

치킨 수프 파스타	계란	양파	치킨	소금
면	×	×	×	×
양파	×	○	×	×
치즈	×	×	×	×
케첩	×	×	×	×

치킨 수프의 4가지 재료를 한 가지씩 순서대로 파스타의 재료와 비교해보면, 계란, 치킨, 소금은 파스타에서 재료로 쓰이지 않고, 양파 한 가지만 파스타에서도 사용된 것을 알 수 있습니다.

이 같은 원리로 B), C), D) 답안의 재료들을 다음과 같이 비교해볼 수 있습니다.

B)	호두 샐러드		치킨 수프	
치킨 수프 / 호두 샐러드	계란	양파	치킨	소금
호두	×	×	×	×
복숭아	×	×	×	×
드레싱	×	×	×	×
샐러리	×	×	×	×

C)	계란 샐러드		치킨 수프	
치킨 수프 / 계란 샐러드	계란	양파	치킨	소금
드레싱	×	×	×	×
소금	×	×	×	○
양파	×	○	×	×
계란	○	×	×	×

D)	호두 샐러드	케이크

케이크 ＼ 호두 샐러드	호두	복숭아	드레싱	샐러리
생크림	×	×	×	×
계란	×	×	×	×
버터	×	×	×	×
복숭아	×	○	×	×

따라서 'C) 치킨 수프와 계란 샐러드'가 요리 재료들이 2가지 이상(3가지) 같으므로 서로 비슷한 요리임을 알 수 있습니다.

주어진 문제에서는 4가지의 재료로 만들어지는 5가지의 요리만 있었지만, 천문, 산업 데이터 등과 같이 매우 많은 양의 데이터를 다룰 때를 생각해 본다면, 서로 같은 점들과 서로 다른 점들을 찾아내는 것은 프로그래머들에게 중요한 문제임을 알 수 있습니다. 예를 들어, 천문학자는 수십억 개의 별들을 다루는 과정에서 모든 별의 여러 가지 속성(특징)을 서로 비교해야 할 필요가 있을 것입니다.

이처럼 많은 양의 데이터를 비교할 때 매우 좋은 알고리즘들을 컴퓨터에 활용하면 그러한 문제를 빨리 해결할 수 있습니다. 일반적으로 말하는 '빅데이터(big data)'와 관련 있는 문제들은 매우 많은 데이터와 그 데이터들의 속성(특징)들을 다루는 알고리즘을 활용하여 소프트웨어를 만들 수 있습니다.

한 걸음 더!

이 문제에서 주어진 요리들의 서로 비슷한 점과 다른 점을 찾아본 것은 정보과학에서 알고리즘을 활용하여 많은 양의 데이터를 비교하는 것과 유사한 방식입니다. 제시된 문제를 다른 형태로 수정해보면서 주어진 데이터들을 비교하는 활동을 해볼 수 있습니다.

파스타	계란샐러드	호두 샐러드	치킨 수프	케이크

기존 문제 요리사가 저녁 식사로 두 가지 요리를 준비하려고 한다. 하지만 비슷한 요리를 준비하는 것은 원하지 않는다. 요리 재료가 2가지 이상 같으면, 두 요리는 서로 비슷한 요리가 된다.

만든 문제 예시 손님들이 식당에서 메뉴를 고를 때, 알레르기가 있는 메뉴는 피하고, 자신이 좋아하는 재료가 한 가지 이상 포함된 메뉴를 선택한다. 계란 알레르기가 있고, 양파와 복숭아를 좋아하는 손님이 먹을 수 있는 요리 두 가지를 고르시오.

정답 파스타, 호두 샐러드

1) 빅데이터는 어떤 경우에 사용될까요?

> 1. SNS의 추천 정보(페이스북의 뉴스피드, 유튜브의 추천 영상 등), 연령대별 추천 뉴스
> 2. 휴대전화 내비게이션은 하루 동안의 이동시간 데이터를 축적하여, 1년 뒤 혹은 지난주 같은 특정 날짜와 시간대를 기준으로 교통량을 예측하여 안내할 수 있습니다.

2) SNS의 좋아요 등의 빅데이터는 우리 생활에 어떤 영향을 줄까요?

> 사람들이 좋아하고 관심 있는 정보들을 쉽게 얻을 수 있다.
> 교통량, 날씨 등을 예측하여 자연재해 등을 예방할 수 있다.

스스로 평가하기

평가항목	매우 우수	우수	보통
데이터 비교를 통해 비슷한 요리 문제를 해결하였나요?			
비슷한 요리 문제를 수정하여 나만의 문제로 만들었나요?			
빅데이터가 우리 생활에 어떻게 사용되는지 이해하였나요?			

02 로터리 도시

생각열기

여러분은 모르는 장소를 가야 할 때 어떻게 하나요? 예전에는 길이 표시된 지도를 보고 스스로 길을 찾아갔지만, 요즘에는 가장 빠르게 도착할 수 있는 최적의 길을 찾아주는 내비게이션[2]을 사용합니다.

여러분의 내비게이션 화면이 다음과 같다면, 어떤 길로 가라는 뜻일까요? 그리고 그렇게 생각한 이유는 무엇인가요?

[2] 내비게이션(navigation): 지도 안내를 통해 길 찾기를 도와주는 장치 혹은 프로그램(출처: 네이버 지식백과)

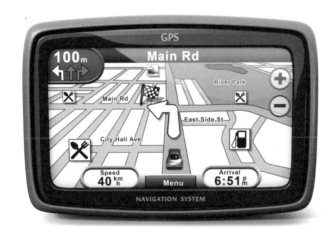

우리가 내비게이션을 통해 모르는 장소를 찾아가기 위해서는 내비게이션이 알려주는 길을 순서대로 따라가야 합니다. 이렇게 문제를 효율적으로 해결하기 위해 문제를 작은 단위로 나누고, 각각의 문제를 단계별로 처리하는 사고과정을 절차적 사고라고 합니다.

이번 시간에는 절차적 사고에 따라 문제 해결의 순서를 정하고 적용하는 방법을 비버챌린지의 '로터리 도시' 문제를 통해 알아보겠습니다.

도전! 비버챌린지

※ 비버챌린지의 '로터리 도시(2017, 슬로베니아)' 문제를 해결해봅시다.

문제의 배경

로터리 도시에서 내비게이션 소프트웨어는 다음과 같이 알려주지 않는다.

- 다음 로터리에서 4번째 출구로 나가세요.
- 다음 로터리에서 1번째 출구로 나가세요.
- 다음 로터리에서 2번째 출구로 나가세요.

그 대신에 이 소프트웨어는 여러 개의 숫자들을 보여준다. 예를 들어, A에서 출발하여 아래 그림과 같이 이동해야 할 경우 '4 1 2'라고 알려준다.

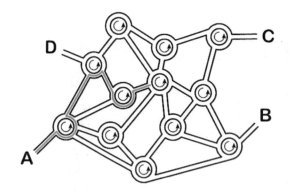

문제/도전

A에서 출발할 때, 내비게이션 소프트웨어가 '3 1 3 2 3'이라고 알려준다면 어떤 곳으로 가야 할까?

A) A   B) B
C) C   D) D

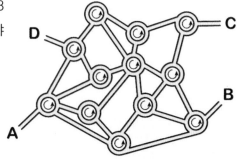

활동지

1 해결해야 할 문제를 더 작은 문제로 나누어 봅시다.

– 로터리에 동그란 화살표가 있습니다. 무슨 뜻일까요?

– 다음과 같은 명령을 내비게이션 소프트웨어에서는 어떻게 표현했나요?

명령	내비게이션의 표현
다음 로터리에서 4번째 출구로 나가세요.	
다음 로터리에서 1번째 출구로 나가세요.	
다음 로터리에서 2번째 출구로 나가세요.	

– 내비게이션의 표현은 어떤 규칙을 가지고 있을까요?

2 문제를 단계별로 해결해봅시다.

각 로터리를 구분하기 위해 다음과 같이 가나다로 이름을 붙였습니다. '3 1 3 2 3'의 규칙을 따라간다면 어떤 로터리들을 지나게 될까요? 순서대로 적어봅시다.

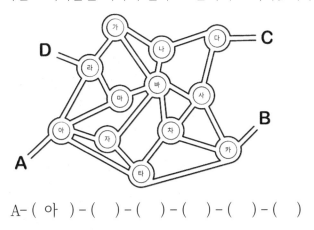

A– (아) – ( ) – ( ) – ( ) – ( ) – ( )

3 큰 문제를 해결해봅시다.

규칙에 따라 순서대로 따라가 보니 어디에 도착했나요?

컴퓨팅 사고력 키우기

'로터리 도시' 문제를 어떻게 해결할 수 있을까요?

이 문제를 해결하기 위해서는 순서대로 실행할 수 있어야 합니다.

먼저 문제를 작은 과정으로 나누어 보겠습니다. 로터리에 표시된 동그란 화살표는 로터리를 도는 방향을 알려줍니다. 문제 속에서는 오른쪽으로 돌고 있습니다.

내비게이션 소프트웨어를 살펴봅시다.

"다음 로터리에서 4번째 출구로 나가세요."라는 명령을 내비게이션 소프트웨어는 무엇이라고 나타내고 있나요? 숫자 4로 나타내고 있습니다.

"다음 로터리에서 1번째 출구로 나가세요."라는 명령은 숫자 1로,

"다음 로터리에서 2번째 출구로 나가세요."라는 명령은 숫자 2로 표시하고 있습니다.

이것을 통해 내비게이션은 오른쪽 방향으로 몇 번째 출구인가를 숫자로 표현하고 있다는 내비게이션의 표현 규칙을 알 수 있습니다.

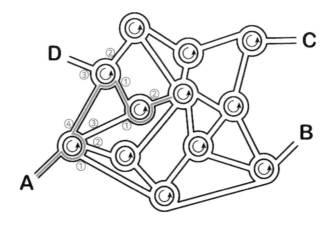

내비게이션의 표현 규칙을 알았으니 문제를 단계별로 처리해 봅시다. 문제를 조금 더 쉽게 설명하기 위해 다음과 같이 로터리에 '가나다…'로 이름을 붙였습니다. '3 1 3 2 3'의 규칙을 따라간다면 어떤 로터리들을 지나게 될까요?

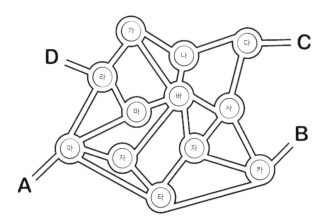

A에서 출발하면 '아' 로터리에 도착합니다. 여기서 오른쪽으로 3번째 출구를 따라가면 '마' 로터리가 나옵니다. '마' 로터리에서 오른쪽으로 1번째 출구를 따라가면 '바' 로터리, '바' 로터리에서 3번째 출구는 '사' 로터리, '사' 로터리에서 2번째 출구는 '카' 로터리, '카' 로터리에서 3번째 출구를 따라가면 B에 도착하게 됩니다. 이렇게 규칙에 따라 순서대로 따라가면 B에 도착하는 것을 알 수 있습니다.

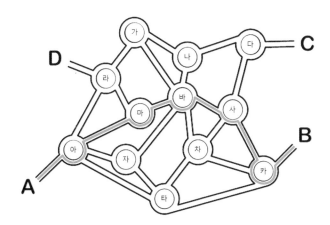

만약, 내비게이션 숫자 '3 1 3 2 3'의 세 번째 자리의 숫자 3과 네 번째 자리의 숫자 2를 바꾸어서 '3 1 2 3 3'이라고 표현하면 어느 곳에 도착할까요?

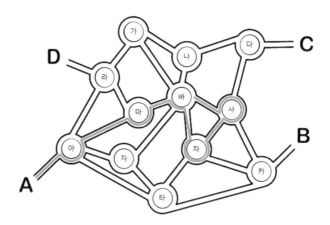

'바' 로터리에 멈추게 됩니다. 이것을 통해 원하는 곳에 도착하기 위해서는
명령의 순서가 중요하다는 것을 알 수 있습니다.

한 걸음 더!

지금까지 학습 경험을 바탕으로 로터리 도시 문제를 변형해 봅시다.

※ 바꿀 수 있는 요소들에는 무엇이 있을까요?
먼저 목적지를 바꿀 수 있어요. 목적지를 C로 바꾼다면 어떤 길로 갈 수 있을까요?

예를 들어 A – 아 – 마 – 바 – 나 – 다 – C의 길을 선택할 수 있습니다. 이것을 내비게이션의 표현 규칙에 따라 표현하면 '3 1 4 1 2'로 표현할 수 있습니다.

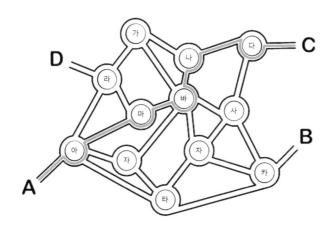

또 출발지를 바꿀 수도 있어요. 출발지를 D로 바꾸고 목적지 B로 가려면 어떤 길로 갈 수 있을까요? 예를 들어 D – 라 – 마 – 바 – 사 – 카 – B의 길을 선택할 수 있습니다. 이것을 내비게이션의 표현 규칙에 따라 표현하면 '2 2 3 2 3'으로 표현할 수 있습니다.

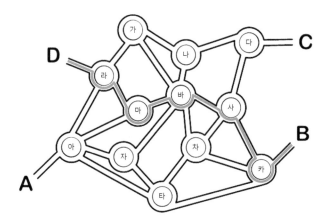

왼쪽으로 회전하도록 했을 때 A에서 B로 같은 경로를 따라 이동하도록 하려면 로터리를 오른쪽으로 돌 때 표현했던 '3 1 3 2 3' 대신 어떻게 표현해야 할까요?

바로 '2 2 3 2 1'로 표현할 수 있습니다.

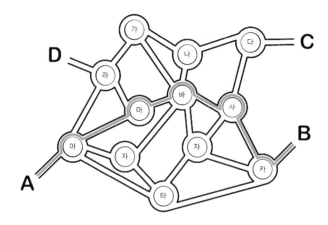

또 바꿀 수 있는 것에는 어떤 것들이 있을까요? 스스로 원하는 새로운 규칙을 만들어서 나만의 내비게이션 규칙을 정해보세요.

스스로 평가하기

평가항목	매우 우수	우수	보통
문제를 해결할 때 절차적으로 생각하면 좋은 점에 대해 이해하였나요?			
문제를 작은 단위로 나누어 단계별로 처리하며 로터리 도시 문제를 해결하였나요?			
로터리 도시 문제를 수정하여 나만의 문제로 만들었나요?			

03 마법의 물약

생각열기

여러분은 엉킨 털실을 풀어본 적 있나요? 엉킨 털실을 풀기 위해서는 어떻게 해야 할까요? 아마도 털실의 끝을 잡고 따라가다가 묶여 있거나 꼬여 있는 실을 차례차례 풀어주거나 서로 바꿔가며 차근차근 풀어내야 할 것입니다.

이와 같이 우리 생활 속의 여러 복잡한 문제들은 차근차근 그 실마리를 찾아서 정리하다 보면 해답을 찾을 수 있습니다.

이번 시간에는 '마법의 물약' 문제를 통해 주어진 조건들을 표로 차근차근 정리해 보면서 문제를 해결해 보도록 하겠습니다.

도전! 비버챌린지

※ 비버챌린지의 '마법의 물약(2016, 일본)' 문제를 해결해봅시다.

문제의 배경

비버는 다섯 가지 마법의 물약을 발견했다. 물약 효과는 다음과 같다.

- 귀 물약은 귀를 길게 만든다.
- 수염 물약은 수염을 동그랗게 말아 올린다.
- 눈 물약은 눈을 하얗게 만든다.
- 앞니 물약은 이빨을 길게 만든다.
- 코 물약은 코를 하얗게 만든다.

비버는 각각의 물약들을 다섯 개의 비커에 담고, 물이 담긴 하나의 비커를 더 준비하여 여섯 개의 비커에 A~F까지 이름표를 붙였다. 그런데 어떤 비커에 어떤 물약이 담겨있는지 잊어버리고 말았다.

비버는 각각의 비커에 어떤 물약이 담겨있는지 알아내기 위해 다음과 같은 실험을 하였다.

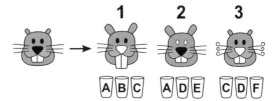

- 실험1: A, B, C 물약을 섞어 먹었더니, 그림의 1번과 같은 효과가 나타났다.
- 실험2: A, D, E 물약을 섞어 먹었더니, 그림의 2번과 같은 효과가 나타났다.
- 실험3: C, D, F 물약을 섞어 먹었더니, 그림의 3번과 같은 효과가 나타났다.

문제/도전

다음 중 비커에 담긴 물약이 모두 바르게 짝지어진 것은?

A) A비커: 귀 물약, E비커: 물

B) B비커: 앞니 물약, D비커: 물

C) E비커: 물, F비커: 수염 물약

D) C비커: 눈 물약, D비커: 물

활동지

( )학년 ( )반 ( )번 이름 ( )

1, 2, 3번 비버들의 어떤 부분이 변했는지 변한 부분에 O표 하세요.

비버	1 	2 	3 
먹은 물약	A, B, C	A, D, E	C, D, F
 귀			
 코			
 앞니			
 눈			
 수염			

1번 비버와 2번 비버를 살펴보세요. A물약은 무엇을 변하게 하는 물약인가요?

1번 비버와 3번 비버를 살펴보세요. C물약은 무엇을 변하게 하는 물약인가요?

B물약은 무엇을 변하게 하는 물약인가요?

D물약은 무엇을 변하게 하는 물약인가요?

E물약과 F물약은 무엇을 변하게 하는 물약인가요?

컴퓨팅 사고력 키우기

'마법의 물약' 문제를 어떻게 해결할 수 있을까요? 다음과 같이 '마법의 물약' 문제를 알기 쉽게 표로 정리해가며 차근차근 해결해봅시다.

1단계

먼저, 1,2,3번 비버들의 어떤 부분들이 변했는지 표로 정리해 봅시다.

변하는 부분 \ 비버들	1	2	3
귀	○	○	
코	○		○
앞니	○		
눈		○	
수염			○

2단계

비버들이 먹은 물약을 추가로 배치해보면서 어떤 물약이 무엇을 변하게 했는지 알아봅시다.

■ 1번 비버는 A, B, C 물약을 먹고 귀, 코, 앞니가 변했습니다. 우리는 이것만으로는 어떤 물약이 무엇을 변하게 했는지를 알 수 없습니다.

■ 2번 비버는 A, D, E 물약을 먹고 귀, 눈이 변했습니다. 1번 비버와 2번 비버가 먹은 물약과 변화된 것은 살펴보면 A물약은 귀를 변하게 하는 물약입니다.

■ 3번 비버는 C, D, F 물약을 마시고 코, 수염이 변했습니다. 1번 비버와 3번 비버가 공통으로 먹은 물약은 C입니다. 그러면 C물약은 코를 변하게 하는 물약이네요.

변하는 부분 \ 비버들	1		2		3	
귀	○	A, B, C	○	A		C
코	○				○	
앞니	○					
눈			○	D, E		
수염					○	D, F

앞에서 알게 된 것처럼 A는 귀를 변하게 하고, B는 앞니를 변하게 합니다.
그럼 이제 남은 것을 채워봅시다.

■ A, B, C를 먹은 1번 비버는 귀, 코, 앞니가 바뀌었습니다. A, C가 각각 귀
와 코를 바꾼다는 것을 알았으니, B는 앞니를 바꾸는 물약입니다.

■ 2번과 3번 비버는 물약을 3개 마셨습니다. 하지만, 1번 비버와 다르게 신
체변화는 2개뿐입니다. 그렇다면 3개 중 1개는 물이라는 것입니다. 따라
서 2번 비버와 3번 비버가 동시에 마신 물약 D는 물이 됩니다.

■ 2번 비버가 E를 먹고 눈이 변했고, 3번 비버는 F를 먹고 수염이 변했습
니다.

그러면 우리는 아래와 같이 결과를 정리할 수 있습니다.

비버들 / 변하는 부분	1		2		3		물약
귀	○		○	A			A
코	○	A, B, C			○	C	C
앞니	○						B
눈			○	D, E			E
수염					○	D, F	F
물							D

따라서 마법의 물약 문제의 정답은 'B) B비커 : 앞니 물약, D비커 : 물'이 됩
니다.

한 걸음 더!

소스 코드:
http://bit.ly/2ls3gkS

앞에서 해결한 결과를 가지고 마법의 물약 문제를 아래와 같이 프로그래 밍 언어로 구현해 봅시다.[3]

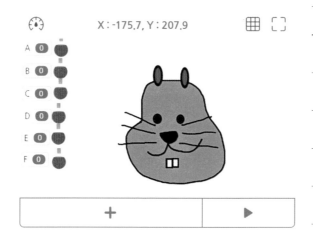

물약	변하는 부분	
A		귀
C		코
B		앞니
E		눈
F		수염
D		물

■ A~F까지의 각각의 물약을 클릭할 때 신호를 보냅니다.

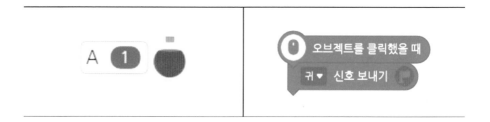

■ 각각의 신체 부위 객체는 그 신호를 받아서 다음 모양으로 바꾸고 초깃값
　에 1을 더하여 A 물약이 선택되었음을 1로 표시하게 합니다.

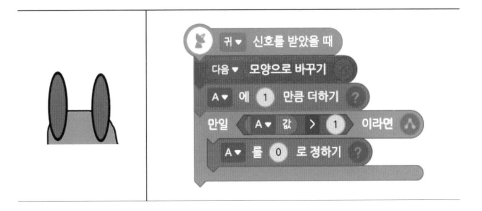

■ 만약에 객체를 한 번 더 클릭해서 A값이 2가 되면 1보다 큰 값이 되므로
　다시 0으로 돌아가도록 합니다.
■ 이와 같은 방식으로 나머지 B~F의 물약과 각각의 신체가 모두 신호를 보
　내고 받을 수 있도록 연결합니다.

　마법의 물약 문제와 같이 3마리의 비버가 아래와 같이 물약을 먹는 경우,
문제에서 제시한 것과 같이 변하는지 확인해 봅시다.

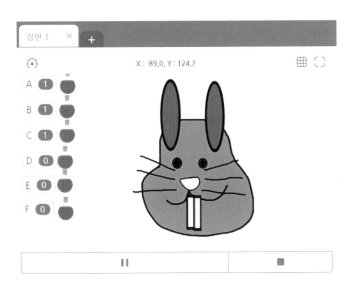

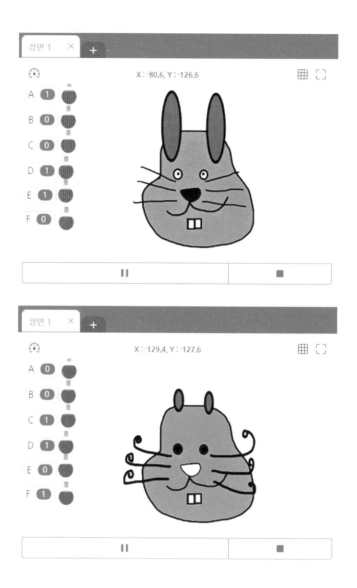

또한, 만약에 비버가 B, E. F의 물약을 섞어 먹으면 아래와 같이 앞니, 수염, 눈이 변하게 됩니다.

스스로 평가하기

평가항목	매우 우수	우수	보통
마법의 물약 문제를 이해하였나요?			
마법의 물약 문제를 절차적으로 해결하였나요?			
마법의 물약 문제를 프로그래밍 언어로 구현하였나요?			

ME
MO

3장

기초 프로그래밍

교육과정 성취기준

[6실04-09] 프로그래밍 도구를 사용하여 기초적인 프로그래밍 과정을 체험한다.

3장

기초 프로그래밍

공부할 내용 기초 프로그래밍, 규칙성 찾기, 순차, 반복, 선택

학습 목표 프로그래밍 도구를 사용하여 기초적인 프로그래밍 과정을 체험한다.

3개의 숫자가 있습니다. 다음에 이어질 숫자는 무엇일까요?

2	4	6	?

여러분이 생각한 숫자와 그 이유는 무엇인가요? 간단한 문제지만 각 숫자의 관계를 살펴보면 숫자들은 다음과 같은 관계를 가지고 있습니다.

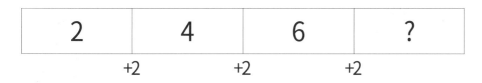

첫 번째 숫자 이후로 2씩 더해진 수가 나왔으니 6 다음의 숫자도 2를 더한 수입니다. 정답은 8입니다. 이 자료들은 2씩 증가하는 관계를 가지고 등장했습니다. 이렇게 어떤 자료들을 분석했을 때 자료들끼리 일정한 관계나 규칙이 발견되면 규칙성이 있다고 할 수 있습니다.

그리고 만약 규칙이 정확하다면 이를 적용하여 아직 알려지지 않은 사실도 밝혀낼 수 있습니다. 이미 밝혀진 우리나라의 삼한사온이라는 규칙을 다음 자료에 적용해 볼까요?

날짜	...	2/22	2/23	2/24	2/25	2/26
날씨	...	☀️	❄️	❄️	❄️	?

2월 26일의 날씨는 어떨지 예상할 수 있나요? 3일 동안 춥다면 4일째는 따뜻해야 하니 2월 26일에는 따뜻할 거라고 예상해 볼 수 있겠네요.

이러한 규칙을 컴퓨터를 활용하여 표현하기 위해서는 어떻게 해야 할까요? 컴퓨터는 스스로 문제를 해결할 수 없으므로 우리가 절차적 사고를 통해 설계한 문제 해결 방법을 전달해주고 컴퓨터에 명령을 내려주어야 합니다. 이렇게 컴퓨터가 특정 문제를 해결할 수 있도록 또는 사람이 원하는 대로 일을 할 수 있도록 명령을 내리는 일을 프로그래밍이라고 합니다.

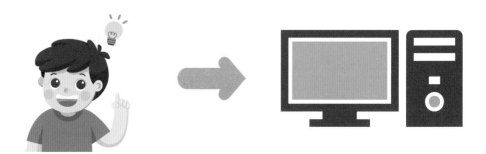

우리가 일상적으로 사용하는 말은 컴퓨터가 이해할 수 없기 때문에 컴퓨터에 명령을 내리는 일을 하기 위해서는 컴퓨터와의 의사소통을 위한 언어인 프로그래밍 언어를 사용해야 합니다.

프로그래밍 언어는 굉장히 다양한 종류가 있습니다. 교육을 위한 목적의 간단한 블록형 프로그래밍 언어부터 직접 애플리케이션이나 프로그램을 만들 수 있는 언어까지 사용 목적과 환경에 따라 적합한 것을 활용할 수 있습니다.

이러한 프로그래밍 언어를 이용하면 문제 해결에 필요한 과정을 일련의 명령어로 만들 수 있습니다. 프로그래밍 언어는 순차, 선택, 반복의 구조를 가집니다.

순차란 주어진 명령들이 순서대로 수행되는 것을 의미합니다. 선택이란 조건에 따라 수행되는 명령이 결정되는 것을 의미합니다. 반복이란 같은 명령을 여러 번 수행하도록 하는 것을 의미합니다.

<아이스크림 만들기 순서>

1. 분홍색 아이스크림을 쌓습니다.
2. 보라색 아이스크림을 쌓습니다.
3. 초록색 아이스크림을 쌓습니다.
4. 1~3과정을 반복합니다.
5. 만약 2번 반복하였으면 반복을 멈춥니다.

(순차) 컴퓨터가 아이스크림을 만드는 프로그램을 수행할 때에는 반드시 주어진 순서대로 일합니다.

(반복) 4번과 같이 컴퓨터에 1~3의 명령을 여러 번 하도록 하여 같은 명령을 여러 번 수행하도록 할 수 있습니다.

(선택) '만약 2번 반복하였으면'과 같이 조건을 주고 이에 따라 '반복을 멈추도록'하는 것과 같이 수행되는 명령을 달리할 수도 있습니다.

문제를 해결하기 위한 프로그램을 만드는 과정에서는 컴퓨팅 사고력 요소 중 패턴 인식이 필요합니다. 문제를 분석하고 문제에 나타난 패턴을 인식하면 이에 따라 순차, 선택, 반복의 구조를 적절히 활용하여 더욱 효율적인 프로그램을 구성할 수 있습니다.

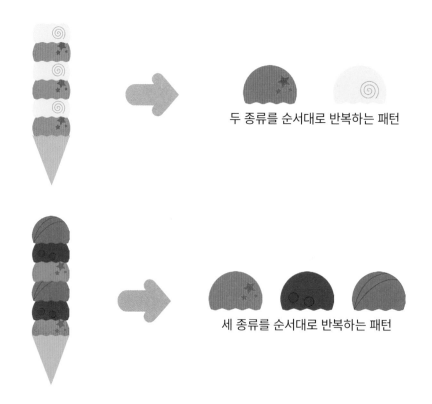

두 종류를 순서대로 반복하는 패턴

세 종류를 순서대로 반복하는 패턴

01 삼바 춤을 추는 뱀

생각열기

흔히 우리나라의 겨울철 날씨의 특징은 삼한사온이라고 표현합니다. 겨울에 3일 추웠다면 4일은 따뜻하다는 뜻입니다. 우리나라 겨울철 날씨는 북쪽의 시베리아 고기압의 영향을 많이 받는데 고기압의 영역이 넓어지면 우리나라가 추워지고 좁아지면 다시 따뜻해집니다.

이렇게 어떤 현상이 반복적으로 일어나면 규칙성을 찾을 수 있고 규칙성을 이용하여 미래에 앞으로 어떤 일이 일어날지도 예상해 볼 수 있겠죠?

이번 시간에는 비버챌린지의 '삼바 춤을 추는 뱀' 문제를 통해 반복되는 규칙성을 찾아 다음 동작을 예측해보며 반복 구조를 이해하고 프로그래밍을 통해 구현해보겠습니다.

도전! 비버챌린지

※ 비버챌린지의 '삼바 춤을 추는 뱀(2018, 오스트리아)' 문제를 해결해봅시다.

문제의 배경

뱀 샐리(Sally)가 삼바 춤을 추며 다가오는 모습이 다음과 같이 그려져 있다.

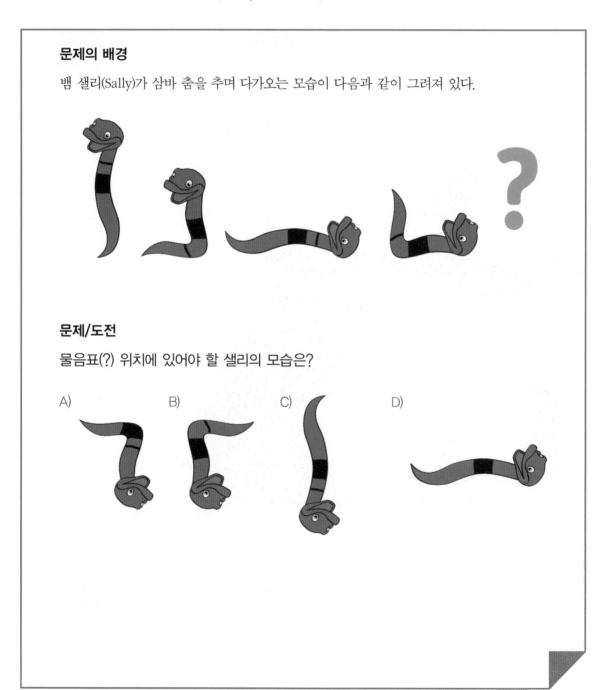

문제/도전

물음표(?) 위치에 있어야 할 샐리의 모습은?

A)   B)   C)   D)

활동지

1 샐리의 모습에서 찾을 수 있는 요소는 어떤 것들이 있나요?

2 샐리의 동작에서 각각의 요소가 어떻게 변하는지 써 봅시다.

머리				
몸통				
꼬리				
자세				
방향				

'삼바 춤을 추는 뱀' 문제를 어떻게 해결할 수 있을까요?

샐리의 춤을 관찰하면 맨 처음에는 바로 서서 왼쪽을 보고 있습니다. 즉, 이 상태가 샐리의 초기 상태라고 할 수 있습니다. 그리고 4개의 그림을 보고 샐리의 규칙을 찾아 5번째 그림을 찾아내면 우리가 목표로 하는 상태로 샐리를 만들 수 있습니다.

먼저 첫 번째 샐리의 모습을 보고 샐리의 춤에서 발견할 수 있는 요소를 하나씩 살펴봅시다. 샐리의 첫 번째 모습을 잘 관찰하면 샐리의 모습에서 여러 가지 요소를 발견할 수 있습니다.

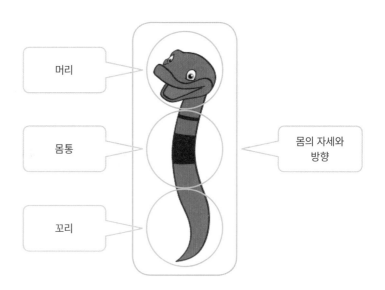

첫 번째 모습을 살펴보니 샐리의 몸은 전체는 머리, 몸통, 꼬리로 되어 있습니다.

이제 제시된 그림들을 비교하면서 머리, 몸통, 꼬리, 몸 전체에서 바뀌는 것과 바뀌지 않는 것을 살펴봅시다. 그리고 바뀐 부분은 어떻게 바뀌는지 살펴보겠습니다.

모습				
머리	바뀌지 않음	바뀌지 않음	바뀌지 않음	바뀌지 않음
몸통	무늬가 얇은 줄, 두꺼운 줄 순서로 되어 있다.	무늬가 두꺼운 줄, 얇은 줄 순서로 되어 있다.	무늬가 얇은 줄, 두꺼운 줄 순서로 되어 있다.	무늬가 두꺼운 줄, 얇은 줄 순서로 되어 있다.
꼬리	바뀌지 않음	바뀌지 않음	바뀌지 않음	바뀌지 않음
자세	편 자세	굽힌 자세	편 자세	굽힌 자세
방향	↑	↑	→	→

샐리의 4번의 동작 동안 머리와 꼬리는 모양이 변하지 않았습니다. 그리고 몸통의 무늬, 전체적인 자세, 몸의 방향이 변하고 있네요. 샐리의 동작에서 규칙성을 찾는데 머리와 꼬리는 불필요한 요소이고 무늬, 자세, 방향은 필요한 요소라고 할 수 있습니다. 그리고 필요한 요소들에서는 각각의 규칙성을 찾을 수 있습니다.

• 몸통의 무늬: 얇은 줄 1개, 두꺼운 줄이 1개 있으며 매번 순서를 바꾼다.
• 몸의 자세: 편 자세와 굽힌 자세가 매번 번갈아 가며 변한다.
• 몸의 방향: 같은 방향을 2번 유지한 후 시계 방향 90도로 변한다.

이제 샐리가 추는 춤의 규칙을 찾았으니 5번째 동작을 예상해 볼까요?

몸통의 무늬는 1번씩 바뀌므로 4번째 무늬의 반대순서가 되어 얇은 줄, 두꺼운 줄 순서로 나타날 것입니다. 그리고 몸의 자세도 한 번씩 바뀌므로 5번째 자세는 1자로 편 모양이 됩니다. 그리고 몸의 방향은 오른쪽 방향이 이미 두 번 나왔으니 다섯 번째에는 아래쪽 방향을 향하게 될 것임을 알 수 있습니다.

결국 샐리의 모양은 이런 모양이 되겠네요.

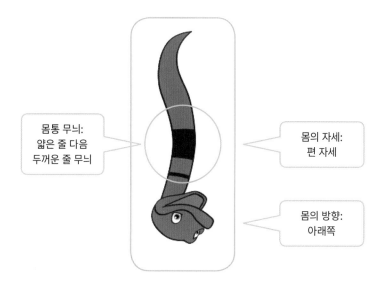

몸통 무늬:
얇은 줄 다음
두꺼운 줄 무늬

몸의 자세:
편 자세

몸의 방향:
아래쪽

샐리가 춤추는 패턴을 알아냈으니 이제 프로그램으로 규칙을 적용해서 춤을 추게 해봅시다.

소스 코드:
http://bit.ly/2VroMM1

프로그래밍하기 위해 알고리즘으로 정리하면 다음과 같습니다.

1단계: 몸을 펴고 얇은 줄, 두꺼운 줄 순서의 무늬 나타내기
2단계: 몸을 굽히고 두꺼운 줄, 얇은 줄 순서로 무늬 나타내기
3단계: 몸의 방향을 시계 방향으로 90도 바꾼다.
    1~3단계는 반복 실행된다.

그리고 여러분의 학습을 돕기 위해 마련된 파일을 살펴봅시다. '샐리'라는 오브젝트와 배경이 미리 준비되어 있습니다.

오브젝트의 모양에는 샐리1과 샐리2이 모양으로 추가되어 있습니다. 샐리1과 샐리2는 각각 삼바 춤 동작1과 동작2를 표현합니다.

삼바 춤	모양		내용
동작1	샐리1 92 X 306	×	자세: 몸을 폄 무늬: 얇은 줄, 두꺼운 줄
동작2	샐리2 147 X 190	×	자세: 몸을 굽힘 무늬: 두꺼운 줄, 얇은 줄

샐리1과 샐리2를 차례대로 보여준 후 90도로 회전시키는 과정을 계속 반복하면 삼바 춤을 완성할 수 있습니다.

다음과 같이 프로그래밍해 봅시다.

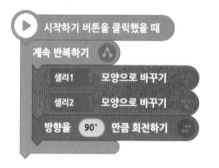

이 상태로 춤이 진행된다면 프로그램의 실행속도 때문에 샐리의 동작은 매우 빠르게 진행됩니다. 어떻게 춤을 추는지 알 수 없겠죠? 프로그램의 진행속도를 의도에 맞게 맞추기 위해 [초 기다리기] 블록을 사용합니다.

이제 기다리기 블록을 끼워 넣어 프로그램을 완성하여 실행해 봅시다.

스스로 평가하기

평가항목	매우 우수	우수	보통
주어진 문제에서 샐리의 모습을 보고 규칙성을 찾을 수 있나요?			
규칙성을 이용하여 다음에 일어날 상황을 예상해 볼 수 있나요?			
규칙성을 적용하여 반복 구조를 가진 프로그램을 만들 수 있나요?			

02 사이먼 게임기

여러분들은 친구들과 보드게임을 해본 적 있나요? 어떤 종류의 게임을 해 보았나요? 모양을 외워서 그림을 맞추는 게임, 숫자 계산을 통해 좀 더 많은 점수를 얻는 게임, 다양한 규칙에 따라 특정 위치로 말을 옮기는 게임 등 다양한 보드게임을 쉽게 접할 수 있고 해볼 수 있습니다.

이러한 모든 게임에는 규칙이 있고 규칙에 따라 일어날 상황을 미리 판단해야 게임을 더 잘할 수 있습니다. 친구들과 게임을 할 때 복잡한 규칙 혹은 계산 때문에 컴퓨터가 미리 답을 여러분에게 알려주면 좋겠다는 생각을 해본 적 없나요?

이번 시간에는 비버챌린지의 '사이먼 게임' 문제를 통해 주어진 규칙에 따라 다음 형태를 예측해보는 간단한 문제 해결 활동과 이를 프로그래밍 언어로 구현해보는 활동을 해 보겠습니다.

도전! 비버챌린지

※ 비버챌린지의 '사이먼 게임기(2018, 캐나다)' 문제를 해결해봅시다.

문제의 배경

어떤 사이먼 게임기(Simon Says)의 버튼을 누르면, 다음 그림과 같이 색들이 회전된다.

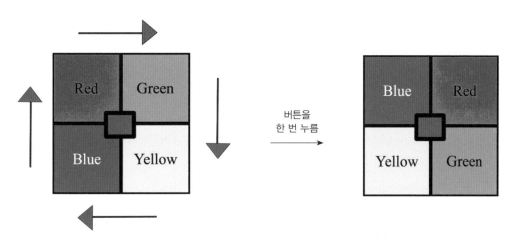

문제/도전

버튼을 한 번 더 눌렀을 때 녹색(Green), 노랑(Yellow), 파랑(Blue) 사각형은 어디로 이동할까요?

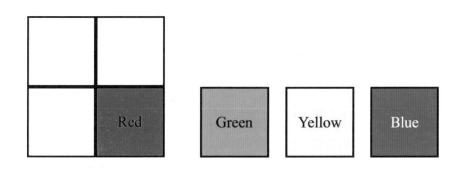

활동지

| ( )학년 ( )반 ( )번 이름 ( ) |

1 경험해 본 보드게임의 종류와 규칙 혹은 전략을 간단히 써봅시다.

보드게임 이름	
규칙 혹은 전략	

2 '사이먼 게임기' 문제를 해결해봅시다.

문제의 배경

어떤 사이먼 게임기(Simon Says)의 버튼을 누르면, 다음 그림과 같이 색들이 회전된다.

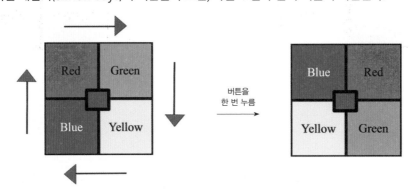

문제/도전

버튼을 한 번 더 눌렀을 때 녹색(Green), 노랑(Yellow), 파랑(Blue) 사각형은 어디로 이동할까요?

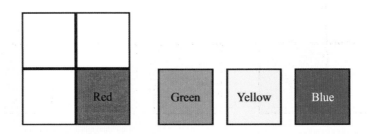

3 사이먼 게임기의 요소를 찾아봅시다.

색깔	
버튼을 눌렀을 때의 반응	

4 '사이먼 게임기'의 동작을 절차적으로 나타내봅시다.

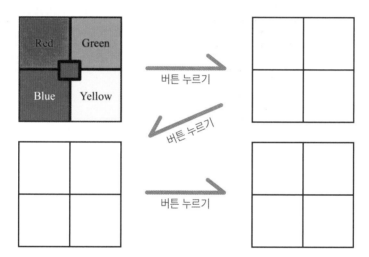

5 '사이먼 게임기'의 버튼을 10번, 89번, 234번 누르면 결과는 어떻게 될까요? 아래 그림에 나타내봅시다.

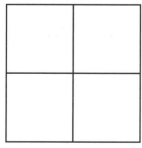

10번 눌렀을 때

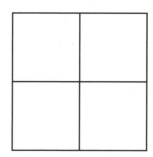

89번 눌렀을 때

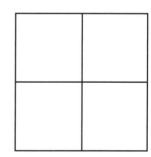

234번 눌렀을 때

컴퓨팅 사고력 키우기

'사이먼 게임기' 문제는 어떻게 해결할 수 있을까요? 그리고 어떻게 프로그래밍을 통해 해결할 수 있을까요? 먼저 문제를 해결할 방법을 절차적 사고를 통해 알아보도록 하겠습니다. 이 문제에서는 처음 상태를 주고 버튼을 누를 때마다 모양이 달라지는 게임기를 제시하고 있습니다.

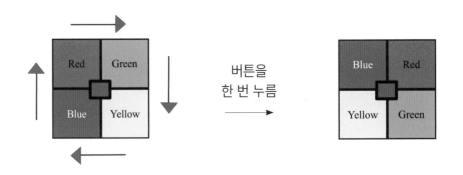

주어진 조건은 간단합니다. 게임기 가운데의 버튼을 누를 때마다 4개의 칸이 시계 방향으로 회전하는 것입니다. 중요한 것은 90도 회전을 하기 때문에 결과적으로 색깔의 위치만 바뀌는 듯한 모양을 확인할 수 있습니다. 문제에서 주어진 것과 같이 버튼을 한번 누른 상태에서 한 번 더 누르게 되면 아래와 같은 결과를 확인할 수 있습니다.

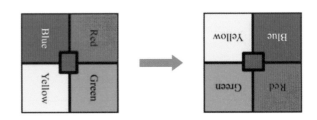

그렇다면 버튼을 3번, 4번, …, 10번 누르면 어떤 모양이 나올까요? 어떤 패턴을 찾을 수 있을지 생각해 봅시다.

1회	2회	3회	4회

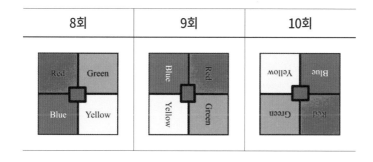

위에서 보는 바와 같이 게임기는 버튼을 4회 누를 때마다 모든 색이 처음 위치로 돌아옵니다.

그렇다면 버튼을 10번을 누르면 어떻게 될까요? 아래와 같이 8번을 누르게 되면 모든 색이 처음으로 돌아옵니다. 따라서 나머지 두 번을 더 누른 모양을 생각해 봄으로써 이 문제를 보다 쉽게 생각해 낼 수 있습니다.

8회	9회	10회

결국,

"(버튼 누르기 횟수 ÷ 4)의 나머지"

만큼만 회전시킨 그림을 생각하면 됩니다.

이와 같은 방식으로 89번, 234번 등의 더 큰 횟수의 회전 문제도 생각해 봅시다.

한 걸음 더!

소스 코드:
http://bit.ly/31S8spE

간단한 프로그래밍을 통해 이 문제를 해결해보겠습니다.

사이먼 게임기의 문제를 프로그래밍 언어로 구현해봅시다.
문제에서는 시계 방향으로 90도만큼 회전하고 있기 때문에 아래와 같이 90도 회전을 할 수 있는 명령어를 활용해야 합니다. 시작하기 버튼을 클릭해서 결과를 확인해봅시다. 아래 그림과 같이 회전하는 것을 확인할 수 있습니다.

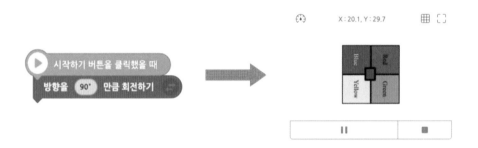

사이먼 게임기 문제를 해결하기 위해서는 3번 회전해야 합니다. 따라서 방향을 90° 만큼 회전하기 블록을 3개를 연결하고 실행시키면 아래와 같은 결과를 확인할 수 있습니다.

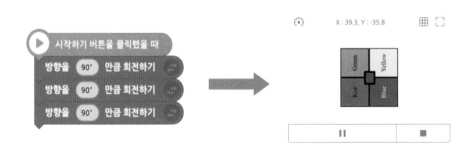

사이먼 게임기 문제의 정답은 확인할 수 있지만, 단계별로 회전하는 모습을 확인할 수 없이 바로 결과로 넘어가게 됩니다. 이것은 블록 3개가 순서대로 빠른 속도로 실행되어 그 과정을 확인할 수 없는 것입니다. 이 경우에는 아래와 같이 명령어 사이에 기다리기 블록을 넣으면 각각의 결과를 확인할 수 있습니다.

그러나 10회, 20회, 30회…와 같이 횟수가 점점 많아진다면 어떻게 해야 할까요? 반복되는 블록을 효율적으로 표현하기 위해 반복 블록을 사용해 봅시다.

아래 코드와 같이 게임기 버튼을 누르는 횟수를 입력받아 횟수만큼 회전을 반복시키면 됩니다.

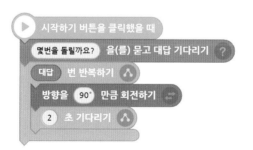

이러한 사이먼 게임기의 패턴은 '(버튼 누르기 횟수 ÷ 4)의 나머지' 만큼만 회전시킨 모양이므로, 다음 코드와 같이 횟수를 4로 나눈 나머지만큼만 반복하여 회전시키도록 하면 됩니다.

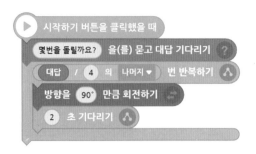

이제, 이 사이먼 게임기를 이용하여 89회, 234회 등의 더 큰 횟수의 회전 모양은 어떤 모양인지 확인해봅시다.

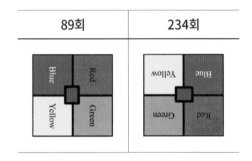

스스로 평가하기

평가항목	매우 우수	우수	보통
규칙을 발견하고 결과를 예상할 수 있나요?			
주어진 문제를 프로그래밍으로 해결할 수 있나요?			
프로그래밍 언어를 통해 간단한 프로그래밍을 할 수 있나요?			

03 무한 아이스크림

생각열기

미래에는 사람이 하는 모든 일을 로봇이 대신하도록 할 수 있게 된다고 합니다. 여러분이 직접 햄버거를 만드는 로봇을 개발한다고 해 봅시다. 로봇에게 어떠한 프로그램을 입력시키면 될까요? 문제를 해결하기 위한 알고리즘을 생각하여 프로그램을 구성해 봅시다.

짝과 함께 개발자와 로봇 역할을 나누어 맡아 보고, 개발자 역할을 맡은 친구만 고객 의뢰서를 확인해보세요. 고객 의뢰서에 따라 로봇이 햄버거를 만들 수 있도록 말로 명령을 내려 보세요.

로봇이 고객 의뢰서에 맞는 햄버거를 잘 만들었나요? 만약 잘 만들었다면, 개발자 여러분은 어떤 명령들을 활용했나요? 만약 결과가 잘못 나왔다면, 이유는 무엇인가요?

어떻게 하면 명령의 수를 줄이면서 더욱 효율적으로 프로그램을 만들 수 있을까요?

이번 시간에는 비버챌린지의 '무한 아이스크림' 문제를 통해 프로그래밍의 다양한 구조에 대해 알아보겠습니다.

도전! 비버챌린지

※ 비버챌린지의 '무한 아이스크림(2018, 아일랜드)' 문제를 해결해봅시다.

문제의 배경

아이스크림콘을 만들어 올려놓는 스탠드가 2개 있다. 아이스크림콘은 4가지 종류로 만든다.

첫 번째 스탠드에는 다음과 같은 과정으로 만든 아이스크림콘을 올려놓는다.

0. 아무것도 올려져있지 않은 아이스크림콘으로 시작한다.

1. 아무렇게나 한 가지 아이스크림을 고른 후, 그 아이스크림을 2개 쌓는다.

2. 1에서 고른 아이스크림과 다른 아이스크림을 골라 1개를 더 쌓는다.

3. 원하는 개수만큼 쌓았으면 중단하고, 그렇지 않으면 1번 단계로 돌아가서 같은 과정을 반복한다.

두 번째 스탠드에는 아무렇게나 만든 아이스크림콘을 올려놓는다.

문제/도전

다음은 아이스크림콘의 처음 일부만 그려져 있는 그림이다. 두 번째 스탠드에 올려놓아야 할 아이스크림콘이 확실한 것이 딱 1개 있다. 어느 것일까?

A)

B)

C)

D)

컴퓨팅 사고력 키우기

'무한 아이스크림' 문제를 어떻게 해결할 수 있을까요?

이 문제의 현재 상태는 주어진 규칙에 따라 아이스크림을 쌓지 않은 빈 스탠드이며, 목표 상태는 주어진 규칙에 따라 정확하게 아이스크림을 쌓은 상태입니다.

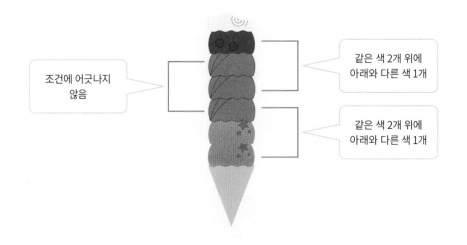

조건에 어긋나지 않음

같은 색 2개 위에 아래와 다른 색 1개

같은 색 2개 위에 아래와 다른 색 1개

이 문제를 해결하기 위해서는 주어진 조건을 정확히 이해하고, 이를 활용하여 아이스크림을 순서대로 쌓으며, 조건에 맞는 아이스크림과 그렇지 않은 아이스크림을 구분할 수 있어야 합니다. 문제에서 주어진 조건은 순차, 반복, 선택 구조를 모두 포함하고 있습니다.

이 조건에 따르면, 처음 선택된 아이스크림 2개 및 그와 다른 아이스크림 1개의 구조가 순서대로 반복되어야 하며, 원하는 만큼 쌓으면 쌓기를 멈추어야 합니다. 즉, 모든 아이스크림은 아래쪽부터 3개 덩어리씩 나누어 묶음을 만들면 묶음 내 아래쪽 2개는 같은 것이며, 이와 다른 한 개 덩어리가 그 위에 위치하는 패턴으로 구성되어 있습니다.

(이때 주의할 점은 다른 묶음 간에는 한 개 덩어리 위에 반드시 아래의 색과 다른 2개의 덩어리가 있을 필요는 없다는 것입니다.)

이러한 패턴을 인식하는 것이 문제 해결에 중요한 아이디어가 됩니다.

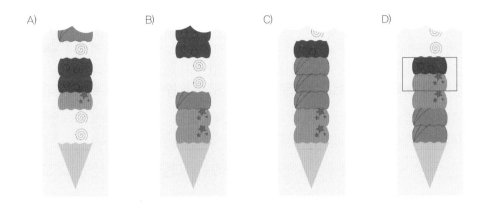

위와 같은 원리로 생각하면 주어진 A) ~ D) 중 목표 상태의 조건을 가지지 않는 것이 D)라는 것을 쉽게 찾을 수 있습니다. D)의 경우 아래쪽부터 세 덩어리씩 묶었을 때 위쪽 묶음의 아래쪽에서 같은 것이 2개 반복되지 않기 때문입니다.

한편 답안 C)에는 같은 색이 세 가지 이어져 있어 목표 상태의 조건에 맞지 않는다고 생각할 수 있으나, 이는 정답이 아닙니다. 위 문제에는 다시 1번 단계를 반복할 때 아래와 다른 색을 선택하라고 하지 않았기 때문입니다.

이 문제에서 제시된 아이스크림 만들기 방법은 0~3의 방법을 순서대로 따라야 하는 순차, 같은 맛의 아이스크림을 두 번 쌓아야 하며 1~3의 과정을 계속해야 하는 반복, 원하는 수만큼 쌓았으면 쌓는 것을 멈추는 선택의 구조가 모두 들어 있습니다. 특히 반복과 관련하여 문제에서 발견할 수 있는 패턴을 인식하는 것은 정보과학에서 어떤 문제나 상황에서의 문제를 해결하기 위해 자주 사용됩니다.

한 걸음 더!

　이 문제에서 제시된 순차, 선택, 반복은 정보과학에서 프로그래밍을 구성하는 주요 구조입니다. 엔트리 프로그래밍을 통해 '무한 아이스크림'을 만드는 프로그램을 만들 수 있을까요? '무한 아이스크림' 문제에서의 순차, 반복, 선택은 프로그래밍에서 어떤 블록을 활용하여 표현할 수 있을까요?

　이 프로그램은 아래와 같은 알고리즘으로 정리할 수 있습니다. 아래의 알고리즘에 따라 차근차근 프로그래밍을 해 봅시다.

🔁 무한 아이스크림 알고리즘

0. 아이스크림콘과 아이스크림 덩어리를 준비한다.

1. 아이스크림 덩어리의 맛을 4가지 중 무작위로 정한다.

2. 1번 단계에서 정한 맛을 2번 쌓는다.

3. 앞에서 정한 맛과 다른 맛을 무작위로 정한다.

4. 3번 단계에서 정한 맛을 1번 쌓는다.

5. 1~4의 과정을 반복한다.

6. 원하는 만큼 쌓이면 그만 쌓는다.

활동지

1 무한 아이스크림을 프로그래밍할 수 있도록 나만의 알고리즘을 쓰거나 그려 보세요.

2 알고리즘과 힌트를 생각하며 직접 '무한 아이스크림'을 프로그래밍해 보세요.

힌트

1. 이 주소로 접속하여 흩어져 있는 블록을 활용해 프로그래밍을 완성하세요.
   http://bit.ly/2oQvi2t
2. 아이스크림의 색은 변수 c1과 c2에 1~4 중의 수를 넣고 수에 따라 오브젝트의 모양을 바꾸어 활용하세요.
3. 아이스크림을 쌓는 것은 '도장 찍기' 블록을 활용하세요.

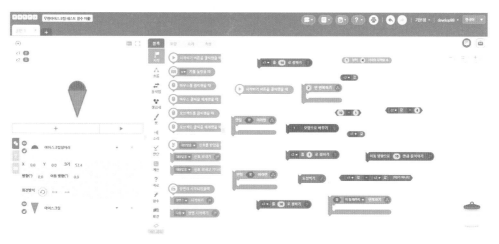

3 '무한 아이스크림' 프로그래밍에서 순차, 반복, 조건을 찾아보세요. 프로그래밍에서는
순차, 반복, 조건을 위해 어떤 블록을 주로 활용하나요?

0단계) 아이스크림콘과 덩어리 준비

소스 코드:
http://bit.ly/2VyexVZ

프로젝트를 열면 아이스크림 덩어리의 '모양' 탭에 가면 여러 맛이 다양한 색으로 표현되어 있습니다.

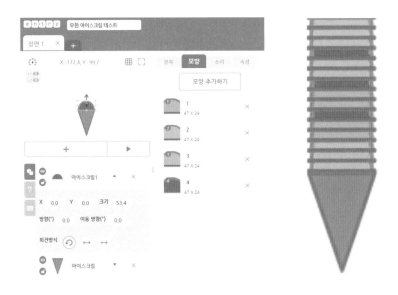

1단계) 아이스크림 덩어리의 맛을 무작위로 정하기

① 아이스크림콘을 무작위로 선택하기

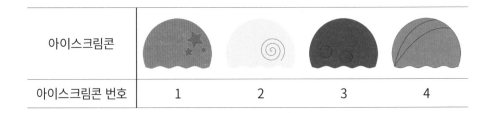

아이스크림콘				
아이스크림콘 번호	1	2	3	4

위와 같이 아이스크림콘마다 수를 지정하여 랜덤하게 선택될 수 있도록 변수로 지정합니다. 그리고 이 변수에 1~4 중 한 수를 무작위로 저장하여 이에 따라 모양을 바꾸면 됩니다. 이런 과정을 통해 c1이라는 변수에 아이스크림의 맛을 뜻하는 무작위 수가 저장됩니다.

즉, 프로젝트에서는 c1에 1부터 4 사이의 무작위 수를 저장하고, 무작위 수가 1이면 첫 번째 맛(⌒), 2면 두 번째 맛(⌒), 3이면 세 번째 맛(⌒), 4면 네 번째 맛(⬤)으로 아이스크림의 모습을 바꿉니다(선택 구조).

② 숫자에 따라 아이스크림콘 모양 바꾸기
만약 'c1=1'이라면 첫 번째 맛으로, 'c1=2'라면 두 번째 맛으로, 'c1=3'이면 세 번째 맛으로, 'c1=4'면 네 번째 맛으로 모양을 바꿉니다.

또, 위의 블록을 복사하여 모양 1~4까지의 경우를 만듭니다. 이것은 c2의 경우에도 동일하게 반복됩니다.

2단계) 1번 단계에서 정한 맛을 2번 쌓기

아이스크림을 쌓는 것은 [도장찍기] 후 위쪽에 다음 아이스크림을 쌓기 위해 [이동 방향으로 10 만큼 움직이기] 블록을 활용하여 위로 이동하도록 하는 것을 의미합니다.

아이스크림을 두 번 쌓기 위해서는 아이스크림 오브젝트의 도장을 찍고 위쪽으로 움직이는 과정을 두 번 반복합니다.

3단계) 앞에서 정한 맛과 다른 맛을 무작위로 정하기

① 아이스크림콘을 무작위로 선택하기

앞에서 정한 맛과 다른 맛을 무작위로 정하기 위해서는 c_2를 정할 때 c_1과 다를 때까지 무작위로 수를 정합니다.

② 숫자에 따라 아이스크림콘 모양 바꾸기

만약 '$c_2=1$'이라면 첫 번째 맛으로, '$c_2=2$'라면 두 번째 맛으로, '$c_2=3$'이면 세 번째 맛으로, '$c_2=4$'면 네 번째 맛으로 모양을 바꿉니다.

4단계) 3번 단계에서 정한 맛을 1번 쌓기

아이스크림을 쌓는 것은 같은 모양을 복사한 후 위쪽으로 이동하여 새로운
아이스크림을 쌓도록 합니다.

5단계) 1번~4번의 과정을 원하는 횟수만큼 반복하기

원하는 만큼 1번~4번의 과정을 반복하고 싶으면 1단계~4단계까지의 코딩을 반복 블록 안에 넣고 10을 원하는 수로 바꿉니다. 마지막 아이스크림은 도장을 찍어 쌓은 것이 아니므로 그 모양을 숨겨야 합니다. 이렇게 완성된 코딩은 아래와 같습니다. 이 모든 과정은 순차적으로 진행됩니다.

활동지

순차, 반복, 선택이 알고리즘과 프로그래밍에서 어떻게 나타나는지 알았나요? 이번에는 아래 예시를 참고하여 '무한 아이스크림' 문제를 나만의 형태로 수정해보면서 순차, 선택, 반복 개념을 더욱 확실하게 익혀봅시다.

1 내가 만들고 싶은 무한 아이스크림은 어떤 규칙으로 만들면 좋을까요? 순차, 선택, 반복을 모두 활용하여 무한 아이스크림을 만드는 규칙을 써 보세요.

새 아이스크림 만들기 규칙

1. _____

2. _____

3. _____

4. _____

2 위에서 정한 규칙에 맞는 아이스크림과 그렇지 않은 아이스크림을 만들어 보세요.

맞는 아이스크림		맞지 않은 아이스크림	
아이스크림 1	아이스크림 2	아이스크림 3	아이스크림 4

3 '무한 아이스크림' 문제를 바꾼 새 문제를 완성해 보고, 친구들과 풀어 보세요.

스스로 평가하기

평가항목	매우 우수	우수	보통
효율적으로 명령을 내리는 방법을 이해하였나요?			
무한 아이스크림 문제를 해결하였나요?			
무한 아이스크림 문제를 프로그래밍 언어로 구현하였나요?			
무한 아이스크림 문제를 수정하여 새로운 문제를 만들어 보았나요?			

MEMO

4 장

프로그램 입출력

교육과정 성취기준

[6실04-10] 자료를 입력하고 필요한 처리를 수행한 후 결과를 출력하는 단순한 프로그램을 설계한다.

4장

프로그램 입출력

무엇을 배울까?

공부할 내용 프로그래밍 요소와 구조

학습 목표 자료를 입력하고 필요한 처리를 수행한 후 결과를 출력하는 단순한 프로그램을 설계한다.

'원숭이 엉덩이는 빨개' 노래를 떠올려 볼까요?

원숭이 엉덩이는 빨~개 빨가면 사과

사과는 맛있어 맛있으면 바나나

바나나는 길어 길면 기차

기차는 빨라 빠르면 비행기

비행기는 높아 높으면 백두산

이 노래는 프로그램의 입력과 출력의 과정과 연관이 있습니다. 프로그램은 문제 해결을 위해 '입력' → '처리' → '출력'의 과정을 거칩니다. '입력'은 처음 떠올리는 단어이고, 이 단어의 특징을 생각해내는 것을 '처리'로, 그 특징과 관련된 또 다른 단어를 떠올리는 것을 '출력'이라고 합시다. 이러한 과정을 첫 번째 노랫말과 연관 지어 봅시다.

"원숭이 엉덩이는 빨~개 빨가면 사과"

먼저 '원숭이 엉덩이'가 처음 떠올리면(입력), 원숭이 엉덩이가 '빨갛다'라는 특징을 생각해내고(처리), '빨갛다'라는 특징과 관련된 '사과'를 떠올리게(출력) 됩니다. 즉, 첫 번째 노랫말은 '원숭이 엉덩이'를 '입력'하면 '사과'가 '출력'되는 프로그램에 비유할 수 있습니다.

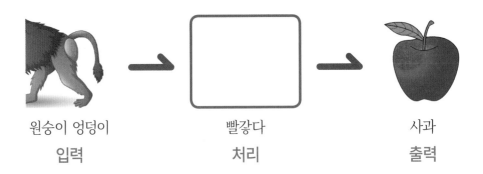

원숭이 엉덩이	빨갛다	사과
입력	**처리**	**출력**

이 노래가 여러 개의 프로그램이라고 생각해봅시다. 각각의 가사들은 무엇을 입력받고 어떤 처리를 통해 무엇을 출력해 낼까요?

행	노랫말	입력	처리	출력
1	원숭이 엉덩이는 빨~개 빨가면 사과	원숭이 엉덩이	빨간색	사과
2	사과는 맛있어 맛있으면 바나나	사과	맛있음	바나나
3	바나나는 길어 길면 기차	바나나	긺	기차
4	기차는 빨라 빠르면 비행기	기차	빠름	비행기
5	비행기는 높아 높으면 백두산	비행기	높음	백두산

노래의 처음과 마지막을 살펴보면 원숭이 엉덩이로 시작해서 백두산으로 끝나므로, 원숭이 엉덩이를 입력받고 마지막으로 백두산을 출력해 내는 프로그램에 비유할 수 있습니다. 원숭이 엉덩이에서 백두산이 출력되기까지 5번의 입출력 과정을 거쳤습니다.

01 알림 글 전달

생각열기

친구와 스마트폰으로 메시지를 주고받은 적이 있나요? 여러분의 스마트폰이 인터넷에 연결되어 있다면 친구와 마음껏 메시지를 주고받을 수 있습니다. 그렇다면 여러분의 핸드폰으로 쓴 메시지를 어떻게 친구가 볼 수 있는 것일까요?

그것은 스마트폰이 모두 네트워크 시스템에 연결되어 있기 때문입니다. 네트워크 시스템에 연결되어 있어야만 여러분과 친구가 서로 메시지를 주고받을 수 있습니다.

① 유튜브(Youtube): 구글이 운영하는 동영상 공유 서비스

② 페이스북(Facebook): 미국 소셜 네트워크 서비스

③ 트위터(Twitter): 블로그의 인터페이스, 메신저 기능 등을 모아놓은 소셜 네트워크 서비스

④ 이메일: 컴퓨터 통신망을 이용하여 컴퓨터 사용자 간에 편지나 여러 정보를 주고받는 개인 통신방법

⑤ 검색엔진: 인터넷에서 자료를 쉽게 찾을 수 있게 도와주는 소프트웨어

⑥ 웹사이트: 인터넷에서 사용자들이 정보가 필요할 때 언제든지 그것을 제공할 수 있도록 웹 서버에 정보를 저장해 놓은 것

우리는 인터넷을 통해 수많은 정보를 얻고 있습니다. 유튜브[1], 페이스북[2], 트위터[3] 이메일[4] 이외에도 다양한 검색엔진[5]이나 웹사이트[6]는 모두 네트워크 시스템에 연결되어 우리에게 많은 정보를 제공하고 있습니다.

인터넷에서 자료를 보내고 받는 원리를 간단히 생각해보면, 한 컴퓨터에서 입력한 자료를 인터넷(유선, 무선)을 통해 다른 컴퓨터로 보내고(송신), 자료를 받은(수신) 컴퓨터에서는 받은 그대로 그 자료를 저장하는 것입니다. 친구와 스마트폰의 앱으로 메시지를 주고받는 것도 이와 비슷합니다. 즉, 내 스마트폰에 입력한 메시지(자료)를 인터넷(무선)을 통해 친구의 스마트폰으로 보내면, 친구의 스마트폰에서는 받은 메시지를 저장하는 것이지요.

이번 시간에는 비버챌린지의 '알림 글 전달' 문제를 통해 인터넷에서 정보가 어떻게 전달되는지 알아보겠습니다.

도전! 비버챌린지

※ 비버챌린지의 '알림 글 전달(2017, 캐나다)' 문제를 해결해봅시다.

문제의 배경

비버 바이올렛은 친구들의 도움을 받아 비버 레오에게 긴 알림 글을 보내려 한다. 바이올렛은 알림 글을 세 글자씩 나눈 후, 카드 한 장에 최대 세 글자씩 적어 비버 친구들에게 한 장씩 나누어 주었다.

바이올렛은 친구들이 카드를 전달할 때, 카드의 순서가 뒤죽박죽 섞여 전달되어 알아보기 어렵게 되는 문제를 알고 있다. 그래서 바이올렛은 카드를 전달하기 전에 카드에 숫자를 적어두었다. 친구들에게 카드를 전달받은 레오는 알림 글을 읽기 위해서 먼저 번호에 맞춰 카드를 정렬해야 한다.

예를 들어, 바이올렛이 "자이제춤출시간이야"이라는 메시지를 보낼 때는, 다음과 같이 카드 3장을 이용해서 만든다.

1 자이제	2 춤출시	3 간이야

문제/도전

레오가 친구 비버들로부터 받은 카드들의 순서가 다음과 같을 때, 바이올렛이 보낸 원래의 알림 글은 무엇일까?

3 이스크	5 개사와	2 에서아	1 편의점	4 림을두

A. 편의점림을두아이크림에서개사와

B. 림을두아이크편의점에가서서사와

C. 편의점에서아이스크림을두개사와

D. 이스크개사와림에서아편의점림을두

컴퓨팅 사고력 키우기

'알림 글 전달' 문제를 어떻게 해결할 수 있을까요?

인터넷을 통해 자료를 보내는 도중 문제가 생기면 어떻게 해야 할까요? 가장 안전한 방법은 그 자료를 처음부터 다시 보내는 것입니다. 그러나 이러한 방법은 자료의 길이가 긴 경우 매우 비효율적인 방법일 수 있습니다.

그래서 우리는 인터넷에서 자료를 보낼 때, 자료를 조금씩 끊어서 보냅니다. 이렇게 작은 단위로 자료를 끊어서 보내면 중간에 자료를 보내다가 문제가 생겨도 문제가 생긴 부분만 다시 보내면 됩니다.

알림 글 전달 문제는 인터넷을 통해 다른 컴퓨터에 자료를 보낼 때, 조금씩 끊어 보내는 원리를 담고 있습니다.

"자이제춤출시간이야"이라는 메시지를 보낼 때는,

다음과 같이 카드 3장을 이용해서 만든다.

1 자이제	2 춤출시	3 간이야

"자이제춤출시간이야"이라는 메시지를 보내기 위해 3개의 카드를 이용했습니다. 한 카드에는 글자가 3개씩 적혀 있습니다. 이렇게 작은 단위로 나누어 자료를 전송하면, 중간에 자료의 순서가 뒤바뀌어도 쉽게 찾을 수 있습니다.

1 자이제	2 춤출시	3 간이야

예를 들어, 위와 같은 순서대로 자료를 받아도 "자이제간이야춤출시"로 해석하지 않고, 1번 패킷인 "자이제", 다음으로 2번 패킷인 "춤출시", 마지막으로 3번 패킷인 "간이야"를 합쳐서 "자이제춤출시간이야"로 해석을 할 수 있습니다.

또한, 이런 작은 단위로 나눠 자료를 전송하면, 자료 일부를 잃어버렸을 때도 쉽게 해결할 수 있습니다. 만약 다음과 같이 1(자이제)과 3(간이야)만 도착했다면 어떻게 하면 될까요?

메시지 카드를 받는 사람은 2번 카드를 받지 못했으니, 2번 카드를 보내달라고 말하고, 보내는 사람은 2번 카드만 다시 보내면 됩니다.

그럼 이제 문제를 살펴봅시다. 카드가 다음과 같은 순서대로 도착했다고 합니다.

받은 카드들을 도착한 순서가 아닌 번호에 따라 재배열하면 아래와 같이 나타낼 수 있습니다.

즉, 카드의 내용을 순서에 따라 배열하면 "편의점에서아이스크림을두개사와"라고 해석할 수 있습니다.

또한, 카드를 보낼 때 한 카드에 내용을 얼마나 쓸지, 내용 외에는 또 어떤 것들을 추가로 쓸지, 어떻게 쓸지를 정해야 합니다. 예를 들어, 다음과 같이 5개의 카드가 저마다 쓰는 방법이 다르다면 해석이 어려울 수 있습니다.

셋째, 이스크	000000005 개사와	에서아_2	1:편의점	네 번째는 림을두

따라서 알림 글 전달 문제에서는 카드의 순서를 아라비아 숫자로 왼쪽 위에 표기하고, 내용을 그다음 줄 중간에 세 글자씩 표기하기로 하였습니다.[7]

한 걸음 더!

 '메시지 카드 합치기 프로그램' 만들기

'메시지 카드 합치기 프로그램'은 입력된 여러 메시지 카드들을 합쳐 원래 자료를 출력해주는 프로그램입니다. 이 프로그램은 다음과 같은 절차로 만들어집니다.

'메시지 카드 합치기 프로그램'의 절차

A: 메시지 카드가 몇 개 있나요?

[A에서 대답한 횟수만큼 B → C를 반복합니다.]

    B: 메시지 카드의 내용을 입력하세요.

    C: B의 입력값을 변수 완성문장에 더합니다.

D: 변수 완성문장을 말합니다.

예)

A: 메시지 카드가 몇 개 있나요? 3(B → C를 3번 반복합니다)

B: 메시지 카드 내용을 입력하세요. 한국

C: B의 입력값을 변수 완성문장에 더합니다. 한국(+한국)

B: 메시지 카드 내용을 입력하세요. 비브

C: B의 입력값을 변수 완성문장에 더합니다. 한국비브(한국+비브)

B: 메시지 카드 내용을 입력하세요. 라스

C: B의 입력값을 변수 완성문장에 더합니다. 한국비브라스(한국+비브+라스)

D: 변수 완성문장을 말합니다. 한국비브라스

글자와 숫자의 입력 · 출력 알아보기

소스 코드:
http://bit.ly/2AlgUMv

1. 다음 블록처럼 글자와 글자를 더하면 글자가 연결됩니다. 다음 블록을 실행해보고 왜 그렇게 작동하는지 생각해보세요.

2. 다음 블록처럼 묻고 대답 기다리기 블록을 사용하면 수를 입력받아서 사용할 수 있습니다. 다음 블록을 실행해보고 왜 그렇게 작동하는지 생각해보세요.

절차에 따라 완성한 프로그램

※ 가능하면 위의 절차를 보고 프로그램을 직접 만들어 보세요.

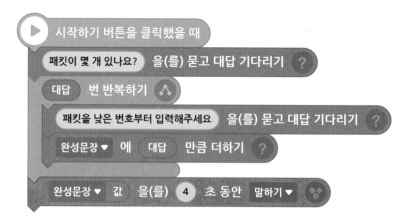

스스로 평가하기

평가항목	매우 우수	우수	보통
메시지 카드 합치기 프로그램을 만들 수 있나요?			
메시지 카드 합치기 프로그램으로 비버 문제를 해결할 수 있나요?			
데이터의 입력과 출력과정이 컴퓨터에서 어떻게 적용되는지 알고 있나요?			

생각열기

⑧ 입력(input): 컴퓨터 외부의 자료를 컴퓨터가 처리할 수 있는 형태로 만들어서 컴퓨터로 보내는 것

⑨ 출력(output): 컴퓨터 내부에 저장되어 있는 자료를 사람들이 볼 수 있는 형태로 변환하여 컴퓨터 외부로 내보내는 것

자동차를 만드는 과정에 대해 알고 있나요? 공장에서는 필요한 재료를 받고 조립을 거쳐 자동차를 완성해 냅니다. 이 과정은 프로그램이 자료를 입력[8]받고 문제를 해결한 후 출력[9]하는 과정과 비슷합니다.

자동차 부품들
(입력)

자동차 공장의 조립과정
(처리)

완성된 자동차들
(출력)

위 그림에서 보듯 자동차는 수만 개의 부품으로 만들어지는 매우 복잡한 기계입니다. 하나하나 제작하는 과정을 나열하면 굉장히 길지만, 조립과정을 작은 단위로 나누어 만들기 때문에 체계적으로 완성해 나갈 수 있습니다. 이처럼 길고 복잡한 문제 해결 절차를 지닌 긴 프로그램도 적절하게 나눠서 작성해 나간다면 완성할 수 있습니다.

이번 시간에는 '비버 폭포' 문제 해결을 통해 입력과 출력을 하기 위한 순서를 작게 나누고 순서대로 명령하는 방법을 알아보겠습니다.

도전! 비버챌린지

※ 비버챌린지의 '비버 폭포(2018, 헝가리)' 문제를 해결해봅시다.

문제의 배경

비버 🦫 밀리(Miley)가 산 정상에 올라가 있다. 산 정상에는 3개의 폭포가 있고, 산 아래로 흘러 강으로 합쳐진다.

비버 밀리는 3개의 폭포 중 하나에 당근이나 물고기를 흘려보낼 수 있다.

강에는 여러 개의 다리가 놓여 있는데, 그 다리에는 장난꾸러기 트롤 요정들이 있어서 다리 아래의 강으로 지나가는 물건들을 다른 물건들로 바꾸어 놓는다.

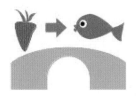

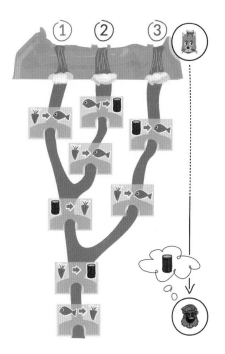

예를 들어, 위와 같이 그려져 있는 다리 아래로 당근이 지나가면 물고기로 바뀌게 되는 것이다. 비버 🦫 저스틴(Justin)이 강의 끝에 앉아 있다.

문제/도전

저스틴이 나무토막(🪵)을 받으려면, 밀리가 어느 폭포에 어떤 것을 흘려보내야 할까?

A) 물고기(🐟)를 ①번 폭포로 흘려보낸다.   B) 물고기(🐟)를 ②번 폭포로 흘려보낸다.

C) 당근(🥕)을 ②번 폭포로 흘려보낸다.   D) 당근(🥕)을 ③번 폭포로 흘려보낸다.

활동지

( )학년 ( )반 ( )번 이름 ( )

※ 문제에 주어진 현재 상태와 목표 상태가 무엇인가요? 아래에 그 내용을 기록하여 봅시다.

현재 상태		
목표 상태		

※ 다리에 이름 붙이고 물건이 떠내려가며 만나는 다리들의 순서를 폭포 번호별로 분석해 봅시다.

1 다리의 이름을 붙여 봅시다.

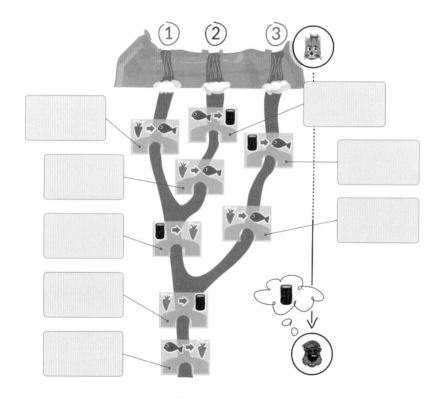

2 폭포별로 지나는 다리의 이름을 써 봅시다.

	① 번 폭포	② 번 폭포	③ 번 폭포
1단계			
2단계			
3단계			
4단계			
5단계			

3 같은 종류의 다리끼리 색칠해 봅시다.

4 색칠된 다리들을 관찰하며 다음 질문에 답해 봅시다.

(1) 1번, 2번 3번 폭포의 과정은 어떤 과정이 같고 어떤 과정이 다른가요?

_____

_____

(2) 여러 번 사용된 다리는 어떤 다리인가요?

_____

_____

(3) 한 번만 사용된 다리는 어떤 다리인가요?

_____

_____

'비버 폭포' 문제를 어떻게 해결할 수 있을까요?

이 문제의 현재 상태는 밀리가 물건을 떠내려 보내기 전 보낼 물건이 정해지지 않은 상태이고, 목표 상태는 물건이 다리를 지나 다른 물건으로 바뀌어 저스틴이 받은 상태입니다. 프로그램이 작동하는 모습에 대입해 보면 밀리가 보내는 물건은 입력하는 값, 지나는 다리들은 입력된 과정을 처리하는 과정, 저스틴이 받은 물건은 출력된 값을 의미합니다.

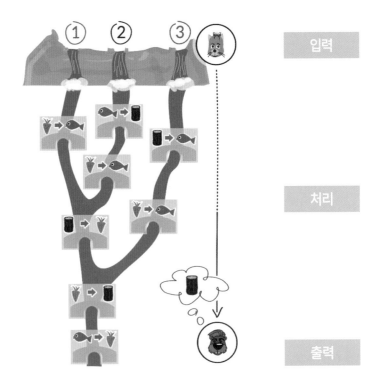

그렇다면 떠내려가는 물건들은 어떤 과정을 거치게 되는 것일까요? 물건들이 지나는 다리를 구분하기 위해 다리에 이름을 붙여 봅니다. 여기서는 다리의 이름을 다리가 변하게 하는 물건의 이름에 따라 붙여 보겠습니다. 예를 들어 당근을 물고기로 바꾸게 하는 다리라면 '당근을 물고기' 다리라고 붙입니다. 그리고 밀리가 보내는 폭포에 따라 지나는 다리들을 순서대로 적는다면 이런 순서로 되겠죠?

그렇다면 버튼을 3번, 4번, …, 10번 누르면 어떤 모양이 나올까요? 어떤 패턴을 찾을 수 있을지 생각해 봅시다.

	①번 폭포	②번 폭포	③번 폭포
1단계	당근을 물고기 다리	물고기를 나무 다리	나무를 물고기 다리
2단계	나무를 당근 다리	당근을 물고기 다리	당근을 물고기 다리
3단계	당근을 나무 다리	나무를 당근 다리	당근을 나무 다리
4단계	물고기를 당근 다리	당근을 나무 다리	물고기를 당근 다리
5단계		물고기를 당근 다리	

이번에는 다리를 지날 때마다 물건들에게 어떤 변화가 일어나는지 살펴봅시다. 1번 폭포의 1단계를 예로 들어 보겠습니다.

1번 폭포의 첫 번째 다리는 '당근을 물고기 다리'입니다. 이 다리를 들어가기 전의 물건이 당근이라면 물고기가 나옵니다.

입력	처리	출력

만약 당근이 아니라면 변하지 않고 그대로 나오게 되겠죠?

입력	처리	출력

이제 각각의 폭포에 물건이 떠내려갔을 때 바뀌게 되는지 지나는 다리의 순서를 참고해서 알아볼까요? 먼저 1번 폭포의 경우를 정리하면 아래 표처럼 밀리가 보내고 저스틴이 받습니다(변환 과정에 생각할 필요가 없는 다리는 제외했습니다).

	1번 폭포		
밀리가 보낸 물건			
변환 과정	당근을 물고기 다리 물고기를 당근 다리	물고기를 당근 다리	나무를 당근 다리 당근을 나무 다리
저스틴이 받는 물건			

2번 폭포로 물건들을 보내게 되면 아래 표처럼 물건이 바뀌게 됩니다.

	2번 폭포		
밀리가 보낸 물건			
과정	당근을 물고기 다리 물고기를 당근 다리	물고기를 나무 다리 나무를 당근 다리 당근을 나무 다리	나무를 당근 다리 당근을 나무 다리
저스틴이 받는 물건			

3번 폭포로 물건들을 보내게 되면 아래 표처럼 물건이 바뀌게 됩니다.

	3번 폭포		
밀리가 보낸 물건			
과정	당근을 물고기 다리 물고기를 당근 다리	물고기를 당근 다리	나무를 물고기 다리 물고기를 당근 다리
저스틴이 받는 물건			

비버 문제에서는 저스틴이 나무토막을 받는 경우를 제시하라고 했습니다. 저스틴이 나무토막을 받는 경우는 1번 폭포에 나무를 넣는 경우, 2번 폭포에 물고기 또는 나무토막을 넣는 경우가 되겠습니다.

다음으로 3개의 폭포가 지나는 다리들을 비교해 보면서 비슷한 결과를 가져오는 다리들을 살펴봅시다.

	①번 폭포	②번 폭포	③번 폭포
1단계	당근을 물고기 다리	물고기를 나무 다리	나무를 물고기 다리
2단계	나무를 당근 다리	당근을 물고기 다리	당근을 물고기 다리
3단계	당근을 나무 다리	나무를 당근 다리	당근을 나무 다리
4단계	물고기를 당근 다리	당근을 나무 다리	물고기를 당근 다리
5단계		물고기를 당근 다리	

동일한 과정을 거치는 경우 같은 색으로 표시했습니다.

색을 칠해 놓았을 때 1번 폭포와 2번 폭포는 어떤 차이가 있나요? 1번 폭포 전에 물고기를 나무로 바꿔주는 다리를 지나면 2번 폭포의 과정이 됩니다.

그리고 여러 번 사용되는 다리들도 등장합니다. 당근을 물고기 다리, 나무를 당근 다리, 당근을 나무 다리, 물고기를 당근 다리는 2번 이상 사용되게 됩니다. 이렇게 자주 사용되는 다리들은 과정을 일일이 프로그래밍할 필요 없이 절차를 묶어 두고 재활용하면 효율적일 것입니다.

이제 문제 해결을 위한 프로그램을 설계해 봅시다.

한 걸음 더!

 절차에 이름 지어 블록으로 만들어 보기

소스 코드:
http://bit.ly/2Vus5Sp

멋진 프로그램을 만들고 싶어서 프로그래밍하다 보면 프로그램이 굉장히 길어질 때가 있습니다. 이렇게 길어진 프로그램은 검토를 하다 보면 한눈에 들어오지 않기 때문에 어디에서 어디까지가 내가 의도한 부분인지 찾기가 쉽지 않습니다.

이런 경우 큰 절차를 한 번에 구현하지 않고 의미 있는 단위로 절차를 나누어 해결하면 훨씬 쉽게 프로그램을 개발할 수 있습니다. 그리고 여러분이 만든 절차들을 묶어 이름을 붙여 볼 수 있습니다.

밀리가 떠내려 보낼 물건을 입력받고, 그 모양대로 물건의 모양을 정하는 단순한 프로그램을 생각해봅시다.

오브젝트에는 당근, 물고기, 나무 모양과 입력받기 전 최초의 모양이 될 상자 모양이 미리 입력되어 있습니다. 또, 프로그램 진행 중에 필요한 정보가 저장될 수 있도록 물건과 폭포번호라는 변수 2개가 미리 설정되어 있습니다.

이번에 작성할 프로그램은 물건값을 입력받고, 입력받은 물건에 해당하는 모양으로 오브젝트의 모양을 바꾼 후 결과를 출력합니다. 다음은 프로그램의 예시입니다.

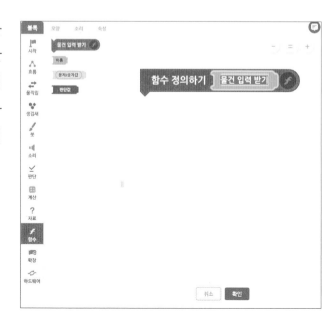

물건을 입력한 대로 모양을 바꾸었을 뿐인데 프로그램은 조금 길어 보입니다. 이 과정을 '물건 입력 받기'라는 이름을 붙이고 1개의 블록으로 바꿔보겠습니다.

절차에 이름 붙이기

1. [함수] 카테고리에서 [함수 만들기]를 클릭합니다. 그러면 ![함수 정의하기 함수] 블록이 나타납니다.

2. [함수 정의하기] 블록 오른쪽의 노란색 빈칸에 '물건 입력 받기'를 입력하여 묶을 절차의 이름을 정해 줍니다.

3.  블록 아래에는 다음과 같이 코드를 완성하여 넣습니다. '시작하기 버튼을 눌렀을 때' 블록을 제외한 나머지 부분입니다.

4. 이제 확인 버튼을 눌러 절차에 이름 붙이는 과정을 완료합니다. 여러분이 이름 붙인 절차는 이제 하나의 블록이 되어 엔트리의 블록 중 함수 카테고리에서 찾을 수 있습니다.

5. 원래의 프로그램과 여러분이 만든 블록을 이용하는 경우를 비교해 봅시다.

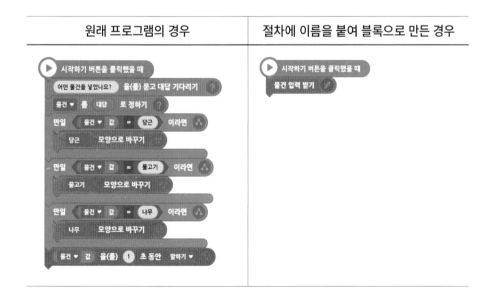

원래 프로그램의 경우	절차에 이름을 붙여 블록으로 만든 경우

프로그램의 길이가 훨씬 줄어들었죠? 만약 여러분이 만들 블록을 수정하고 싶다면 만든 블록을 더블클릭하여 다시 내용을 정할 수 있습니다.

첫째, 프로그램이 길고 복잡하더라도 여러 사람이 부분을 나누어 함께 만들 수도 있습니다. 미리 어떤 부분을 구현할지 명확히 나누고, 맡은 부분을 개발하여 합치면 프로그램 전체를 완성할 수 있습니다.

둘째, 오류가 생겼을 때는 오류가 생긴 부분만 따로 수정할 수 있습니다. 각 부분이 잘 작동하는지 하나씩 확인하면서 잘못된 부분을 찾을 수 있기 때문입니다.

셋째, 여러 번 반복해서 필요한 절차가 있다면 이 부분을 덩어리로 묶어 이름을 붙여 두고 그 부분이 필요할 때마다 활용할 수 있습니다. 이렇게 하면 같은 내용을 반복해서 작성하지 않아도 됩니다.

이제 반복되는 부분을 덩어리로 묶고 이름을 붙여 블록을 만드는 과정을 이용하여 비버 폭포 전체 과정을 프로그램으로 만들어 봅시다.

비버 폭포 프로그래밍하기

비버 폭포 프로그램이 작동하는 과정을 그림으로 표현하면 아래와 같습니다.

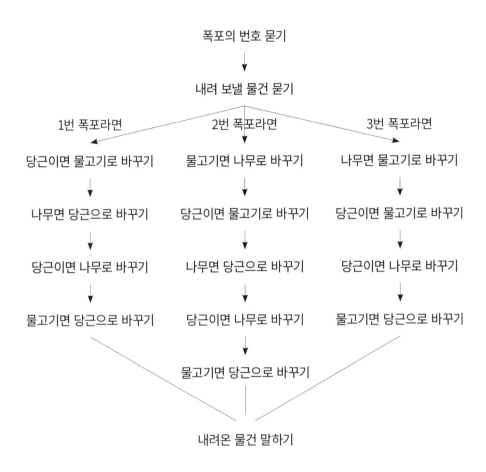

이제 이 그림을 바탕으로 프로그램을 만들어 봅시다. 이 프로그램을 만들 때는 '함수 탭'의 '함수 정의하기'를 최대한 이용합니다. 그림의 흐름대로라면 다음처럼 코드로 표현할 수 있습니다.

그리고 각각의 함수들은 다음과 같은 내용을 포함하고 있습니다.

폭포 번호 입력받기	물건 입력 받기

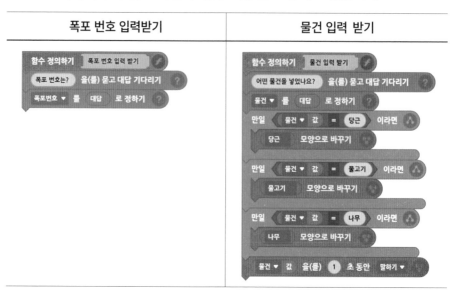

다음은 '~이면 ~으로 바꾸기' 함수 블록들입니다. '당근이면 물고기로 바꾸기' 블록을 예로 들겠습니다. 원문자1에는 흘러내려온 물건을 검사하고, 원문자2에는 물건이 어떻게 바뀔지 정하면 모든 다리의 함수를 만들 수 있습니다.

당근이면 물고기로 바꾸기

비버 폭포 프로그램 평가하기

폭포별로 값을 입력해 보며 정확히 잘 작동하는지 평가해봅시다.

	1번 폭포		
밀리가 보낸 물건	🍓	🐟	🪵
저스틴이 받는 물건	🍓	🥕	🪵

	2번 폭포		
밀리가 보낸 물건	🥕	🐟	🪵
저스틴이 받는 물건	🍓	🪵	🪵

	3번 폭포		
밀리가 보낸 물건	🥕	🐟	🪵
저스틴이 받는 물건	🍓	🥕	🥕

스스로 평가하기

평가항목	매우 우수	우수	보통
입력되는 값과 출력되는 값의 개념을 이해하였나요?			
비버 폭포 문제에서 입력 값과 출력 값을 정확히 찾았나요?			
비버 폭포 문제를 해결하는 과정을 폭포별로 구분하여 프로그램을 설계하였나요?			
제시된 블록을 활용하여 해결 절차를 프로그램에 적용하여 구현하였나요?			
구현된 프로그램을 평가하고 오류를 찾아 개선해 보았나요?			
프로그램의 전체 절차를 나누어 프로그래밍할 때의 장점을 이해하였나요?			

MEMO

5장

프로그램의 구조

교육과정 성취기준

[6실04-11] 문제를 해결하는 프로그램을 만드는 과정에서 순차, 선택, 반복 등의 구조를 이해한다.

5장

프로그램의 구조

무엇을 배울까?

공부할 내용	프로그래밍 요소와 구조, 선택 구조
학습 목표	문제를 해결하는 프로그램을 만드는 과정에서 순차, 선택, 반복 등의 구조를 이해한다.

'선택 구조'는 '순차 구조', '반복 구조'와 함께 프로그램을 작성하는 데 있어서 기본 구조입니다. '선택 구조'는 조건이나 상황에 따라 서로 다른 동작을 하도록 표현한 구조를 뜻합니다.

생활 속에서의 일기 예보와 같은 문제를 순차, 선택, 반복 구조의 예로 들 수 있습니다.

일기 예보에는 여러 가지 정보가 나오지만, 비가 올 것이라는 예보만을 생각해보도록 하겠습니다. 여기에서 중요한 조건은 "비가 올 것이라는 일기 예보가 있었는가?"라는 부분입니다. 비가 온다는 예보가 있었을 때는 집을 나서기 전 우산을 준비하여 학교로 가고, 아닐 때는 그냥 학교에 가는 것입니다.

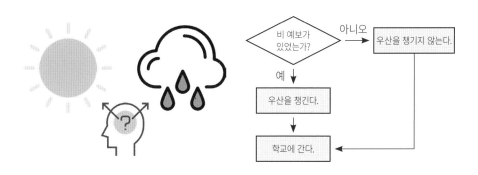

즉, 선택 구조는 '조건'을 나타내는 부분, 조건의 결과에 따라 '참'인 경우, '거짓'인 경우 수행할 명령을 쓰는 부분으로 나누어 볼 수 있습니다.

컴퓨터에서의 선택 구조에는 어떤 경우가 있을까요? 화면 보호기를 예로 생각해봅시다. '설정해 둔 시간 동안 마우스와 키보드의 움직임이 있는가?'라는 조건에 따라 '참'인 경우(움직임이 있는 경우) 화면이 유지되지만, '거짓'인 경우(움직임이 없는 경우) 화면이 꺼지며 절전 모드로 설정되도록 합니다.

대부분 프로그래밍 언어에서는 조건이 '참'일 경우에만 실행하는 명령어, '참'과 '거짓'일 때 각각 다른 명령을 실행하는 명령어를 모두 제공합니다. 또한 여러 경우에 따라 다르게 실행되도록 하는 다중 선택문을 제공하는 경우도 있습니다. '엔트리'에서 조건 구조에 사용하는 명령어 블록들을 살펴보면 다음과 같습니다.

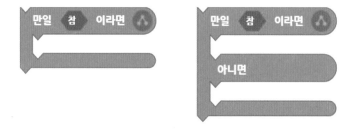

이번 장에서는 여러 가지 문제 상황에서 조건을 통해 문제를 해결해보며 선택 구조에 대해 이해해 봅시다.

01 새장

생각열기

여러분은 과일을 좋아하나요? 여기 5가지의 먹음직스러운 과일이 있습니다. 아래의 과일 그림은 서로 다른 특징을 갖고 있습니다. 그림을 보고 분류 기준을 세워 분류하여 봅시다.

여러분은 어떤 분류 기준을 사용하였나요?

과일의 색깔이 기준이라면 빨간색인 사과, 딸기, 체리, 초록색인 배, 노랑색인 바나나로 분류를 할 수 있습니다. 과일 열매의 개수가 기준이라면 열매가 1개인 사과, 딸기, 배, 바나나와 열매가 2개인 체리로 분류할 수 있습니다. 열매에 붙어 있는 잎의 개수, 씨앗의 위치 등으로 구분할 수도 있습니다.

우리는 특정 사람이나 물체를 바라볼 때 자연스럽게 그 대상이 가진 특징 또는 속성을 떠올립니다. 이번 시간에는 비버챌린지 '새장' 문제를 통해 대상의 특징 또는 속성으로 만들어진 조건을 사용하는 선택 구조에 대해 알아보도록 하겠습니다.

도전! 비버챌린지

※ 비버챌린지의 '새장(2017, 루마니아)' 문제를 해결해봅시다.

문제의 배경

비버 엄마는 딸의 생일 선물로 새장을 사주려고 한다. 엄마는 딸에게 어떤 종류의 새장을
원하는지 물었다. 딸은 "2개의 창문과 하나의 하트 무늬를 가진 새장을 원한다."고 말했다.
그래서 비버 엄마는 딸이 원하는 새장을 사기 위해 애완동물 가게에 갔다.

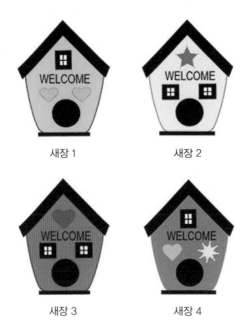

새장 1   새장 2

새장 3   새장 4

문제/도전

비버 엄마가 딸을 위해 살 수 있는 새장은 어느 것일까?

A) 새장 1   B) 새장 2   C) 새장 3   D) 새장 4

활동지

➡ 각 새장이 가지고 있는 특징(속성)을 빈칸에 채워봅시다.

새장 번호	새장 1	새장 2	새장 3	새장 4
벽면 색깔	하늘색		분홍색	황토색
창문 개수		2		1
무늬 개수	2		1	
무늬 모양		별(1)		하트(1), 보안관 배지(1)
창문 위치	위		가운데	

➡ 딸이 원하는 새장의 특징(속성)은 무엇인가요?
- 딸은 "( )개의 창문과 ( )의 하트 무늬를 가진 새장을 원한다."라고 말했습니다.
- 2개의 창문을 가진 새장은 어느 것인가요? 새장 ( ), 새장 ( )
- 하나의 하트 무늬를 가진 새장은 어느 것인가요? 새장 ( ), 새장 ( )

➡ 모든 특징(속성)을 가진 새장은 몇 번인가요?
- 2개의 창문을 가지고 하나의 하트 무늬를 가진 새장은 새장( )입니다.

'새장' 문제를 어떻게 해결할 수 있을까요?

이 문제에는 모두 4개의 새장이 등장합니다. 4개의 새장은 다른 새장과 공통적이거나 구별되는 특징(속성)을 갖고 있습니다. 새장의 특징(속성)을 구별할 수 있는 기준을 찾아보고 그 기준에 따라 각각의 새장이 가진 특징(속성)을 알아보겠습니다.

새장 1　　　　　　새장 2　　　　　　새장 3　　　　　　새장 4

4개의 새장을 구별할 수 있는 기준에는 무엇이 있을까요?

먼저 새장 벽면 색깔을 살펴볼 수 있겠네요. 새장은 각각 하늘색, 노랑색, 분홍색, 황토색의 벽면을 가지고 있습니다. 이것을 표로 표현해 본다면 아래의 표처럼 나타낼 수 있겠네요.

번호	새장 1	새장 2	새장 3	새장 4
벽면 색깔	하늘색	노랑색	분홍색	황토색

새장 벽면의 색깔 이외에도 창문 개수, 무늬 개수, 무늬 모양, 창문 위치 등을 기준으로 정할 수 있습니다. 그럼 이것을 표로 완성해 볼까요?

새장 번호	새장 1	새장 2	새장 3	새장 4
벽면 색깔	하늘색	노랑색	분홍색	황토색
창문 개수	1	2	2	1
무늬 개수	2	1	1	2
무늬 모양	하트	별	하트	하트, 보안관 배지
창문 위치	위	가운데	가운데	위

이제 새장을 구별할 수 있는 기준과 기준에 따른 각 새장의 특징(속성)을 알아냈으니 문제에서 원하는 조건의 새장을 찾아봅시다.

딸은 "2개의 창문과 하나의 하트 무늬를 가진 새장을 원한다."라고 말했습니다.

딸의 말을 살펴보면 문제 해결에 필요한 특징(속성)은 창문의 개수와 무늬의 모양이라는 것을 알 수 있습니다. 그럼 우리가 만든 표에서 해당하는 내용을 찾아봅시다. 미리 정리한 새장의 속성 중 우리에게 필요한 특징(속성)은 창문 개수와 무늬 모양입니다.

새장 번호	새장 1	새장 2	새장 3	새장 4
벽면 색깔	하늘색	노랑색	분홍색	황토색
창문 개수	1	2	2	1
무늬 개수	2	1	1	2
무늬 모양	하트	별	하트	하트, 보안관 배지
창문 위치	위	가운데	가운데	위

– 2개의 창문을 가진 새장은 어느 것인가요? 새장 2, 새장 3
– 하나의 하트 무늬를 가진 새장은 어느 것인가요? 새장 3, 새장 4
– 2개의 창문을 가지고 하나의 하트 무늬를 가진 새장은 어느 것인가요? 새장 3

위의 질문에 따라 딸이 원하는 새장이 새장 3이라는 것을 알 수 있습니다.

한 걸음 더!

※ 지금까지 학습 경험을 바탕으로 다음 제시된 문제의 조건에 맞게 새장을 그려
  봅시다.

2개의 창문과 2개의 동그라미 무늬가 있는 새장	3개의 창문과 1개의 하트 무늬가 있는 새장
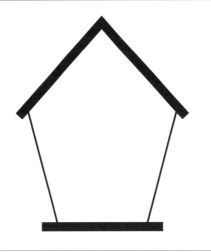	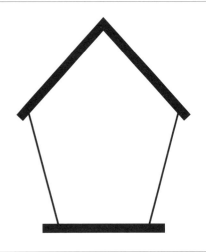
1개의 창문과 2개의 별 무늬가 있고, 글씨는 없는 새장	창문이 없고 3개의 하트 무늬와 BIRD라는 글씨가 있는 새장
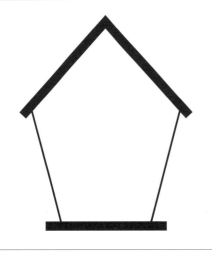	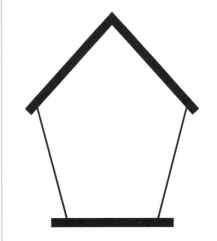

스스로 평가하기

평가항목	매우 우수	우수	보통
조건을 확인하며 새장 문제를 해결하였나요?			
주어진 조건에 맞는 새장을 알맞게 그려보았나요?			
선택 구조의 개념을 이해하고 그 적용 사례를 설명할 수 있나요?			

02 피자와 포크

여러분은 혹시 일기 예보를 확인하지 않아 당황했던 경험이 있나요? 만약 여러분이 집을 나서기 전 오늘 비가 올 것이라는 일기 예보를 확인하였다면 현관문을 나서기 전 어떤 준비를 하였을까요? 혹은 반대로 오늘 날씨가 맑을 것이라는 일기 예보를 확인하였다면 비가 온다고 했을 때처럼 행동을 하였을까요?

 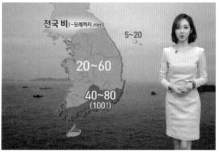

인공지능 알파고부터 최근 우리 생활에 큰 영향을 미치고 있는 IoT 제품까지 모든 소프트웨어는 여러 조건에 따라 특정 작업을 수행하는 구조로 만들어져 있습니다.

이번 챕터에서는 여러 가지 조건이나 상황에 따라 다른 작업을 수행하도록 프로그램을 만드는 '선택 구조'에 대하여 이해하고, 이를 바탕으로 주어진 문제를 해결하는 방법을 비버챌린지의 '피자와 포크' 문제를 통해 알아보겠습니다.

도전! 비버챌린지

※ 비버챌린지의 '피자와 포크(2018, 이탈리아)' 문제를 해결해봅시다.

문제의 배경

루실라(Lucilla)는 포크를 사용해 피자를 먹는 것을 배우고 있다.
엄마가 설명해 준 포크 사용 방법은 다음과 같다.

- 피자 둘레의 껍질(크러스트)이 함께 있는 경우에는, 손으로 집는다.
- 그렇지 않은 경우에는, 포크를 사용한다.

문제/도전

다음 피자 조각 그림에서 포크를 사용해 집어야 하는 조각들을 모두 골라보자.

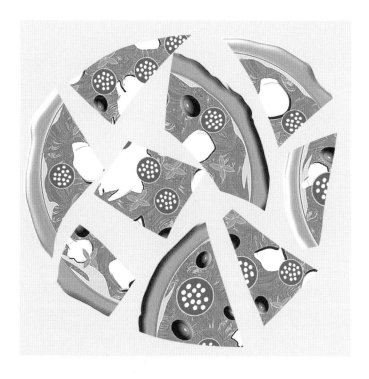

'피자와 포크' 문제를 어떻게 해결할 수 있을까요?

이 문제의 현재 상태는 다양한 모양의 피자 조각이 흐트러져 있으며, 루실라는 피자 조각을 한 개씩 살펴보면서 그 조각에 크러스트가 포함되어 있는지 확인하여 크러스트가 포함되어 있지 않은 조각을 찾아야 하는 상황입니다.

이 문제를 해결하기 위해서는 어렵지는 않지만, 컴퓨터 프로그램(computer program)을 설계하는데 중요한 구조를 이해하는 것이 필요합니다. 컴퓨터 프로그램을 설계하고 만드는 과정에서 여러 가지 조건이나 상황에 따라 다른 작업을 수행하도록 프로그램을 만들어야 할 필요가 있습니다. 프로그래밍에서 어떤 조건(conditional)을 검사하고, 그에 따라 다른 작업을 실행하도록 선택(selection)할 수가 있는데, If(만약 ~이면) 명령문들을 사용해 구현됩니다.

이 문제에서는 크러스트가 포함되어 있지 않은 조각들을 선택하고, 그렇지 않은(크러스트가 포함된) 조각들은 제외시켜야 합니다. 피자 둘레에 크러스트가 포함되어있지 않은 조각은 다음과 같이 3개입니다.

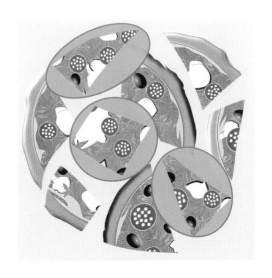

한 걸음 더!

여러 가지 조건이나 상황에 따라 다른 작업을 수행하도록 하는 선택 (conditional) 구조는 컴퓨터 프로그램을 설계하고 만드는 과정에서 필수적이라고 할 수 있습니다. 지금까지의 학습 경험을 바탕으로 앞서 해결한 문제를 다른 형태로 수정해보면서 선택 구조에 대해 이해해 보는 활동을 할 수 있습니다.

기존 문제

루실라(Lucilla)는 포크를 사용해 피자를 먹는 것을 배우고 있다.
엄마가 설명해 준 포크 사용 방법은 다음과 같다.
- 피자 둘레의 껍질(크러스트)이 함께 있는 경우에는, 손으로 집는다.
- 그렇지 않은 경우에는, 포크를 사용한다.

다음 피자 조각 그림에서 포크를 사용해 집어야 하는 조각들을 모두 골라 보자.

문제 수정 예시

루실라(Lucilla)는 평소 버섯 알레르기를 앓고 있다.
이에 따라 버섯 토핑이 들어간 피자를 먹을 때 주의할 점이 있다.
- 피자 조각에 버섯이 들어가 있는 경우에는 먹으면 안 된다.
- 그렇지 않은 경우에는, 그냥 먹어도 된다.

다음 피자 조각 그림에서 루실라(Lucilla)가 먹을 수 있는 조각을 모두 골라보자.

또한, 선택(conditional) 구조가 적용된 사례를 우리 생활 주변 또는 컴퓨터 상황에서 찾아볼 수 있습니다.

선택 구조가 적용되는 경우에는 어떠한 것들이 있을까요?

1. 횡단보도의 신호등이 초록불이면 길을 건너고, 빨간불이면 멈춰 섭니다.
2. 라면을 끓일 때 물이 끓으면 면을 넣고, 그렇지 않으면 물이 끓을 때까지 기다립니다.
3. 퀴즈 프로그램에서 정답을 맞히면 점수가 올라가고, 틀리면 점수가 내려 갑니다.
4. 입력한 비밀번호가 올바르면 문이 열리고, 올바르지 않으면 잠금장치가 작동하지 않습니다.

스스로 평가하기

평가항목	매우 우수	우수	보통
조건을 확인하며 피자와 포크 문제를 해결하였나요?			
조건 만족 여부를 확인하며 피자와 포크 문제를 해결하였나요?			
주어진 선택 구조 문장을 만들기 위해 알맞은 말을 찾았나요?			

03 클라라는 꽃을 좋아해

생각열기

어느 날 교실에서 선생님이 말씀하셨습니다.
'1모둠 여학생 중에서 안경 쓴 사람 손들어보세요'
어떤 학생이 손을 들어야 할까요?
즉, 저 문장 안에는 어떤 조건들이 들어있을까요?

첫 번째로, 1모둠이어야 합니다.
두 번째로, 여학생이어야 합니다.
세 번째로, 안경을 쓰고 있어야 합니다.

이렇게 3가지 조건을 모두 만족한 학생이 손을 들어야겠지요?

'모든 조건'을 '만족'하는 것들을 찾는 방법은 어렵지 않습니다. OX퀴즈를 풀 듯이 각각의 조건들이 O인지 X인지 차근차근 확인할 수 있다면 말입니다.

이번 시간에는 '클라라는 꽃을 좋아해'라는 문제를 통해 하나씩 조건을 만족하는 보기를 찾는 연습해보겠습니다. 그리고 그렇게 한 단계씩 해결한 방법들을 모아본다면, 이러한 문제는 쉽게 해결할 수 있게 될 것입니다.

'클라라는 꽃을 좋아해'를 해결하기 위한 절차를 순서대로 말로 나타내어 볼까요? 문제에서 해결하기 위한 목표는 1번~3번의 조건을 만족하는 보기를 찾는 것입니다. 그러기 위해서는 먼저 1번 조건을 확인해 보아야 합니다. 그리고 1번 조건을 만족했다면 2번도 확인하고, 3번도 확인해서 모든 조건을 만족했다면 그 보기가 답이 되겠죠?

이것을 순서도로 나타내면 다음과 같습니다.

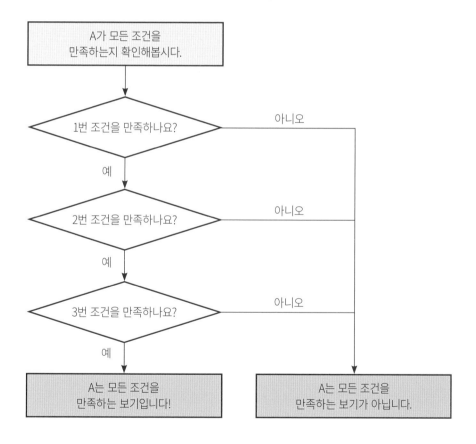

이러한 조건을 활용한 선택 구조를 활용하여 '클라라는 꽃을 좋아해' 문제를 해결해볼까요?

도전! 비버챌린지

※ 비버챌린지의 '클라라는 꽃을 좋아해(2018, 스위스)' 문제를 해결해봅시다.

문제의 배경

여러 가지 색의 꽃으로 만들어진 꽃다발을 좋아하는 클라라(Clara)는 꽃가게에 들렀다.
꽃가게에는 다음과 같은 꽃들이 있었다.

글라디올러스   백합   튤립   장미

모든 꽃들은 다음 3가지 색 중 한 가지이다.

흰색	파랑색	노랑색

클라라는 6개의 꽃으로 다음과 같은 조건들을 모두 만족하는 꽃다발을 만들고 싶어 한다.

1) 흰색, 파랑색, 노랑색 꽃은 정확히 2개씩이어야 한다.

2) 같은 종류의 꽃은 서로 다른 색이어야 한다.

3) 모든 꽃들은 최대 2개까지만 사용해야 한다.

문제/도전

다음 중 모든 조건을 만족시킬 수 있도록 만들어진 꽃다발은?

A)
B)
C)
D)

활동지

※ '클라라는 꽃을 좋아해' 문제를 어떻게 해결 수 있을까요?

모든 조건을 만족시키는 꽃다발이 무엇인지를 알아보려면, 다음과 같은 순서를 따라야 합니다. 빈칸에 알맞은 말을 넣어봅시다.

| 1단계 | 흰색, 파란색, 노란색 꽃은 정확히 ( )개씩인지 알아보아야 합니다. |

| 2단계 | 같은 종류의 꽃이 서로 ( ) 색인지 알아보아야 합니다. |

| 3단계 | 모든 꽃들을 최대 ( )개까지만 사용했는지 알아보아야 합니다. |

| 4단계 | 모든 조건을 만족하는 꽃다발은 무엇인지 알아보아야 합니다. |

➡ 1단계를 만족하는 꽃다발을 알아보기 위해 다음과 같은 표를 만들 수 있습니다.

| 1단계 | 흰색, 파란색, 노란색 꽃은 정확히 ( )개씩인지 알아보아야 합니다. |

	흰색꽃	파란색꽃	노란색꽃	조건 만족 여부
A		2		
B	2	2	2	○
C	2		2	
D	2	2		

활동지

⊙ 2단계를 만족하는 꽃다발을 알아보기 위해 다음과 같은 표를 만들 수 있습니다.

2단계	같은 종류의 꽃이 서로 ( ) 색인지 알아보아야 합니다.

	🌼	🌸	🌷	🌹	조건 만족 여부
A	–	○	○	–	○
B	–	–		○	
C	×	–	○	–	
D		–	○	–	

⊙ 3단계를 만족하는 꽃다발을 알아보기 위해 다음과 같은 표를 만들 수 있습니다.

3단계	모든 꽃들을 최대 ( )개까지만 사용했는지 알아보아야 합니다.

	🌼	🌸	🌷	🌹	조건 만족 여부
A	1	2	2	1	○
B	1	0	2	3	
C		1	2	1	
D			2	1	

⊙ 마지막 단계를 위해서 1~3단계에서 해결한 문제들을 정리하면 다음과 같습니다.

4단계	모든 조건을 만족하는 꽃다발은 무엇인지 알아보아야 합니다.

	1단계	2단계	3단계	조건 만족 여부
A		○	○	
B	○			
C				
D				

따라서 표를 통해 알아본 결과 모든 조건을 만족하는 꽃다발은 ( )입니다.

컴퓨팅 사고력 키우기

'클라라는 꽃을 좋아해' 문제를 어떻게 해결할 수 있을까요?

모든 조건을 만족시키는 꽃다발이 무엇인지를 알아보려면, 다음과 같은 조건을 확인해 보아야 합니다.

| 1단계 | 흰색, 파란색, 노랑색 꽃은 정확히 2개씩인지 알아보아야 합니다. |

| 2단계 | 같은 종류의 꽃은 서로 다른 색인지 알아보아야 합니다. |

| 3단계 | 모든 꽃을 최대 2개까지만 사용했는지 알아보아야 합니다. |

| 4단계 | 모든 조건을 만족하는 꽃다발은 무엇인지 알아보아야 합니다. |

마지막 4단계의 활동을 하기 위해서는 1단계, 2단계, 3단계의 조건들을 각각 만족시켜야 합니다. 각각의 단계를 만족시키는 꽃들은 어떤 것들이 있는지 지금부터 알아봅시다.

| 1단계 | 흰색, 파란색, 노랑색 꽃은 정확히 2개씩인지 알아보아야 합니다. |

1단계를 만족하는 꽃다발을 알아보기 위해 다음과 같은 표를 만들 수 있습니다. 따라서 흰색, 파란색, 노랑색 꽃이 각각 2개씩인 조건을 만족하는 꽃다발은 B, C, D임을 알 수 있습니다.

	흰색 꽃	파란색 꽃	노랑색 꽃	조건 만족 여부
A	3	2	1	×
B	2	2	2	○
C	2	2	2	○
D	2	2	2	○

같은 종류의 꽃은 서로 다른 색인지 알아보아야 합니다.

2단계를 만족하는 꽃다발을 알아보기 위해 다음과 같은 표를 만들 수 있습니다. 따라서 한 꽃다발에 2개 이상의 같은 종류의 꽃이 서로 다른 색인 꽃다발은 A, B, D임을 알 수 있습니다(조건에 해당하면 ○, 조건에 해당하지 않으면 ×).

					조건 만족 여부
A	–	○	○	–	○
B	–	–	○	○	○
C	×	–	○	–	×
D	○	–	○	–	○

모든 꽃을 최대 2개까지만 사용했는지 알아보아야 합니다.

3단계를 만족하는 꽃다발을 알아보기 위해 다음과 같은 표를 만들 수 있습니다. 따라서 각각의 꽃이 2개 이하인 꽃다발은 A, C, D임을 알 수 있습니다(조건에 해당하면 ○, 조건에 해당하지 않으면 ×).

					조건 만족 여부
A	1	2	2	1	○
B	1	0	2	3	×
C	2	1	2	1	○
D	2	1	2	1	○

4단계	모든 조건을 만족하는 꽃다발은 무엇인지 알아보아야 합니다.

마지막 단계를 위해서 1~3단계에서 해결한 문제들을 정리하면 다음과 같습니다. 따라서 표를 통해 알아본 결과, 모든 조건을 만족하는 꽃다발은 D입니다.

	1단계	2단계	3단계	조건 만족 여부
A	×	○	○	×
B	○	○	×	○
C	○	×	○	○
D	○	○	○	○

문제를 작은 단위로 나누었던 활동과 각각의 문제를 단계별로 처리했던 활동을 스스로 평가하여 봅시다.

한 걸음 더!

※ 비버챌린지의 '야외 체육시간(2018, 대한민국)' 문제를 해결해봅시다.

문제의 배경

바비(Bobby) 선생님 반 아이들이 체육시간에 운동장에서 축구를 하려고 계획을 세우고 있다. 하지만, 그렇게 하려면 아래의 조건을 꼭 고려해야 한다.

- 맑은 날에만 운동장에서 축구를 할 수 있다.
- 바람이 20km/h 보다 느리게 불어야만, 건물 밖 야외 활동이 허락된다.
- 다른 반이 사용한다고 먼저 예약이 되어있으면, 운동장을 사용할 수 없다.

그래서, 아이들과 함께 다음 주 요일별 일기 예보와 운동장 사용 예약을 같이 확인해 보기로 했다.

다음 주 요일별 일기 예보

요일	월	화	수	목	금
예상 날씨	☀	☂	☂	☀	☀
예상 풍속	5 km/h	24 km/h	13 km/h	7 km/h	40 km/h

다음 주 운동장 사용 예약 상황

요일	월	화	수	목	금
수업 예약	가르시아(garcia) 선생님 체육시간	–	–	–	–

문제/도전

다음 주에 운동장에서 축구 수업을 할 수 있는 요일은?

A) 월   B) 화   C) 수   D) 목   E) 금

야외 운동장에서 축구를 하는데 필요한 3가지 조건들은 다음과 같습니다.

1. 맑은 날에만 운동장에서 축구를 할 수 있다.
   → 다음 주 요일별 일기 예보 중 예상 날씨에서 해가 뜬 날에만 축구를 할 수 있습니다.

2. 바람이 20km/h보다 느리게 불어야만, 건물 밖 야외 활동이 허락된다.
   → 다음 주 요일별 일기 예보에서 예상 풍속이 20km/h 미만이 되어야 축구를 할 수 있습니다.

3. 다른 반이 사용한다고 먼저 예약이 되어있으면, 운동장을 사용할 수 없다.
   → 다음 주 운동장 사용 예약 상황표에서 수업 예약이 없는 날만 축구를 할 수 있습니다.

위의 조건들을 표로 나타내면 아래와 같습니다(○는 가능한 경우, ×는 불가능한 경우를 의미합니다.).

	월	화	수	목	금
맑은 날인가요?	○	×	×	○	○
바람이 20km/h 이하인가요?	○	×	○	○	×
운동장이 비어있나요?	×	○	○	○	○

따라서 3가지 조건을 모두 만족하는 요일은 목요일뿐입니다.

스스로 평가하기

평가항목	매우 우수	우수	보통
조건을 추출하며 클라라는 꽃을 좋아해 문제를 해결하였나요?			
완성된 표를 통해 조건 만족 여부를 확인하며 문제를 해결하였나요?			
조건 만족 여부를 확인하며 야외 체육시간 문제를 해결하였나요?			

04 비버의 이름은?

"나야오나비이너비야리라흰나날노나비아랑비"

이 문장은 무슨 뜻일까요? 무슨 암호문 같지 않나요? 잘 봤어요. 이 문장은 고대 그리스의 도시국가인 스파르타에서 사용하던 스키테일(σκυτάλη)로 표현한 암호문입니다. 스키테일은 그리스어로 막대라는 뜻인데요, 암호를 해석하기 위해서는 다음 그림과 같이 암호문에 맞는 막대에 암호를 감아서 읽어야 해요.

자, 상상력을 발휘해 암호문을 해석해봅시다. 아래 그림과 같이 암호문을 한 줄로 긴 종이에 옮겨 쓴 뒤 어떤 막대에 감았다고 생각해보세요. 어때요? 이제 암호문을 해석할 수 있겠지요?

나	비	야	나	비
야	이	리	날	아
오	너	라	노	랑
나	비	흰	나	비

암호는 우리 주변에서 널리 사용되고 있습니다. 예를 들면, 여러분의 핸드폰을 아무나 마음대로 보지 못하게 암호를 걸어서 잠가두지요. 또, 인터넷 사이트에 회원 가입을 하려면 암호를 만들어야 하고, 은행에 돈을 맡기거나 찾을 때도 암호를 사용합니다. 만약 암호를 이용하지 않는다면, 여러분의 소중한 정보가 다른 사람에게 모두 공개되어 버리고 말 겁니다.

그뿐만이 아닙니다. 여러분이 친구와 스마트폰으로 메시지를 주고받을 때도 암호가 사용됩니다. 먼저, 여러분이 친구에게 스마트폰으로 메시지를 보내면 친구 스마트폰에 여러분이 보낸 메시지가 나타날 것이고, 친구는 그 메시지를 읽고 여러분에게 답장을 보냅니다. 이 과정에서 여러분이 스마트폰에서 작성한 메시지는 전기 신호로 바뀌어 서버로 전달되고, 서버에서는 친구의 스마트폰으로 다시 전기 신호를 보내 친구가 여러분의 메시지를 볼 수 있도록 합니다. 그런데 이때 만약, 누군가 그 전기 신호를 가로챈다면 여러분이 무슨 메시지를 보냈는지 알 수 있을 겁니다.

이런 일을 막기 위해서 아래 그림과 같이 여러분이 보낸 메시지를 전기 신호로 바꿀 때 어떤 규칙을 알아야만 전기 신호의 뜻을 알 수 있도록 암호로 바꾸는 과정을 거칩니다.

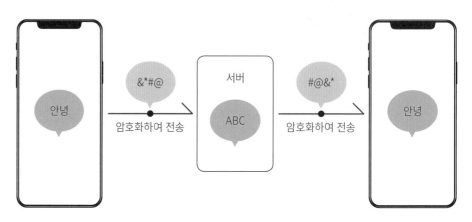

그런데 여러분은 스마트폰으로 메시지를 주고받으면서 암호를 사용한 적이 없을 거예요. 왜 그럴까요? 이렇게 메시지를 암호로 바꾸고, 다시 암호를 메시지로 바꾸는 과정은 너무나 복잡해서 인간이 할 수 있는 작업이 아니에요. 이런 복잡한 과정을 도와주는 것이 바로 컴퓨터입니다. 컴퓨터를 사용하면 메시지 내용을 금방 암호로 바꿀 수 있고, 또, 암호를 다시 원래 내용으로 바꿀 수도 있습니다. 이처럼 암호는 특정한 사람만 사용하는 것이 아니라 현대 사회를 살아가는 사람이라면 누구나 사용하고 있답니다.

암호는 크게 두 종류로 나눌 수 있습니다.

하나는 비밀번호(password)입니다. 스마트폰의 잠금 화면, 옛날이야기에 나오는 '열려라, 참깨!' 같은 것이 일종의 비밀번호지요. 이 비밀번호는 마치 열쇠처럼 작동해서 비밀번호를 알고 있는 사람만 원하는 정보에 접근할 수 있도록 합니다.

다른 하나는 사이퍼(cipher)입니다. 사이퍼는 규칙을 아는 사람만 알아볼 수 있도록 자료를 암호화시켜서 정보를 숨겨놓은 것을 말합니다. 사이퍼의 규칙을 모르는 사람에게는 아무 의미가 없는 글자로 보일 테지만, 아는 사람에게는 의미 있는 문장으로 보입니다.

두 암호의 공통점은 암호의 규칙을 아는 사람만 이해할 수 있다는 것입니다. 우리가 일상생활에서 사용하는 많은 디지털 정보가 이처럼 암호로 바뀌어 저장됩니다. 특히, 중요한 디지털 정보일수록 규칙을 아는 사람만 볼 수 있는 암호 형태로 바뀌어 저장되지요. 이번 챕터에서는 이와 같은 '암호'의 개념을 비버챌린지의 '비버의 이름은?' 문제를 통해 학습해보겠습니다.

도전! 비버챌린지

※ 비버챌린지의 '비버의 이름은?(2017, 크로아티아)' 문제를 해결해봅시다.

문제의 배경

A – 카	J – 주	S – 아리
B – 피	K – 메	T – 치
C – 미	L – 타	U – 도
D – 테	M – 린	V – 루
E – 쿠	N – 토	W – 메이
F – 루	O – 모	X – 나
G – 지	P – 모르	Y – 후
H – 리	Q – 케	Z – 지
I – 키	R – 시	

예쁜 별명을 짓고 싶어 하던 어떤 비버가 자신의 이름으로 별명을 만들었다.

문제/도전

만들어낸 별명이 "주카메 모루"라고 할 때, 그 비버의 진짜 이름은?

A) JOSIP   B) JANI   C) JAKOV   D) JURICA

컴퓨팅 사고력 키우기

'비버의 이름은?' 문제를 어떻게 해결할 수 있을까요? 비버는 자신의 이름의 알파벳을 일정한 규칙에 따라 바꾸어 별명을 짓습니다. 예를 들어, 자신의 이름이 A라면 별명은 '카'가 되는 것이지요.

A → 카	J → 주	S → 알
B → 피	K → 메	T → 치
C → 미	L → 타	U → 도
D → 테	M → 린	V → 루
E → 쿠	N → 토	W → 멘
F → 로	O → 모	X → 나
G → 지	P → 몰	Y → 후
H → 리	Q → 케	Z → 지
I → 키	R → 시	

그럼 KIM이라는 이름을 별명으로 바꿔봅시다. K는 '메', I는 '키', M은 '린'으로 바꿀 수 있으니 세 개를 합쳐 별명을 완성하면, '메키린'이 되겠군요. 이번에는 반대로 해봅시다. 지은 별명이 '리카토'라면 원래 이름은 무엇이었을까요? '리'는 H, '카'는 A, '토'는 N이 되니깐 세 개를 합쳐 이름을 완성하면 'HAN'이 되겠네요.

자, 그럼 문제를 풀어봅시다. 비버가 자신의 별명을 '주카메 모루'라고 지었군요. 별명 만들기의 규칙을 보면 '주카메 모루'로 변할 수 있는 알파벳은 다음 표에서 색칠한 부분과 같습니다.

A → 카	J → 주	S → 알
B → 피	K → 메	T → 치
C → 미	L → 타	U → 도
D → 테	M → 린	V → 루
E → 쿠	N → 토	W → 멘
F → 로	O → 모	X → 나
G → 지	P → 몰	Y → 후
H → 리	Q → 케	Z → 지
I → 키	R → 시	

이제 별명을 한 글자씩 바꾸어서 이름을 완성해 봅시다. '주'는 J, '카'는 A, '메'는 K, '모'는 O, '루'는 V. 해석한 알파벳을 합치면 JAKOV가 나오는군요. 그래서 "주카메 모루"라는 별명을 가진 비버의 원래 이름은 JAKOV라고 해석할 수 있습니다.

이 문제는 암호랑 어떤 관련이 있을까요? 문제 속에 등장한 비버의 별명이 바로 암호입니다. 이렇게 글자를 암호로 만든 것을 코드라고 부르고, 그렇게 만드는 행동을 인코딩(코드화)이라고 부릅니다. 여러분이 이름으로 별명을 만든 과정을 인코딩이라고 부르는 것이지요. 반대로 별명으로 이름을 해석할 수도 있습니다. 그리고 그 과정은 디코딩(복호화)이라고 부른답니다. 여러분은 별명으로 비버의 이름 알파벳을 맞추기 위해 디코딩을 한 셈입니다.

문제 속에서 주어진 변환표는 알파벳 순서대로 잘 정리되어 있으므로 여러분의 이름을 쉽게 별명으로 바꿀 수 있습니다. 하지만 어떤 별명을 다시 알파벳으로 바꾸는 것은 조금 더 복잡하지요. 컴퓨터에서도 마찬가지예요. 어떤 규칙에 따라 자료를 코드로 바꾸는 것은 간단하지만, 규칙을 보고 코드를 다시 원래의 자료로 바꾸는 것은 그보다 어려울 수 있습니다.

한 걸음 더!

 '비버 별명 해독기' 만들기

'비버 별명 해독기'는 별명을 입력하면 '비버의 이름은?' 문제의 규칙대로 해석해주는 프로그램입니다.

'비버 별명 해독기' 1단계 알고리즘

1) 별명을 입력해주세요(암호를 한 개만 입력해야 합니다).
2) A의 대답이 '카'이면, 3)을 실행합니다. 아니면 3)을 건너뜁니다.
3) 변수 '원래 이름'에 A를 저장합니다.
4) 변수 '원래 이름'을 말합니다.

위 알고리즘은 별명에 '카'가 들어있을 때 그것을 A로 해석해주는 간단한 프로그램입니다. 1)의 질문에 대한 대답이 '카'라면 원래 이름에 A가 저장될 것이고, 4)에서 A라고 말할 것입니다. 대답이 '카'가 아니라면 3)이 실행되지 않을 것이고, 4)에서는 아무것도 말하지 않겠지요.

1단계 알고리즘에 따라 완성한 프로그램

소스 코드:
http://bit.ly/2LQz3hg

※ 가능하면 알고리즘을 보고 프로그램을 직접 만들어보세요.

```
시작하기 버튼을 클릭했을 때
별명을 입력해주세요(암호는 한 개만 입력해야합니다) 을(를) 묻고 대답 기다리기 ?
만일   대답 = 카   이라면
    원래 이름 ▼ 를 A 로 정하기 ?
원래 이름 ▼ 값  을(를) 2 초 동안  말하기 ▼
```

변수에 원래 이름을 만들고, 대답이 '카'이면 원래 이름에 A를 저장하는 간단한 프로그램입니다. 원래 이름의 초깃값은 없으니까, 그 외의 암호를 입력하면 아무것도 대답하지 않겠지요. 그런데 '카' 이외의 다른 글자, 예를 들어 '피'를 입력했을 때 B라고 해석하게 만들려면 어떻게 프로그램을 수정할 수 있을까요?

'비버 별명 해독기' 2단계 알고리즘

소스 코드:
http://bit.ly/2lv3mbg

1) 별명을 입력해주세요(암호를 한 글자씩 입력해야 합니다).

2) 1)의 대답이 '카'이면, 3)을 실행합니다. 아니면, 3)을 건너뜁니다.

3) 변수 '원래 이름'에 1)의 대답을 저장합니다.

4) A의 대답이 '피'이면, 5)를 실행합니다. 아니면, 5)를 건너뜁니다.

5) 변수 '원래 이름'에 B를 저장합니다.

6) 변수 '원래 이름'을 읽습니다.

1단계 알고리즘을 바탕으로 프로그램을 확장해보았습니다. 이제 '카'뿐만 아니라 피도 해석할 수 있습니다. 대답이 '카'이면 1단계와 마찬가지로 F에서 A라고 말할 것이고, 대답이 '피'이면 F에서 B라고 말할 것입니다.

2단계 알고리즘에 따라 완성한 프로그램

※ 가능하면 알고리즘을 보고 프로그램을 직접 만들어보세요.

이제 '카'와 '피'를 입력했을 때, 해석을 할 수 있습니다. 이런 방식으로 알파벳 26글자에 해당하는 프로그램을 완성해 봅시다.

더 생각해보기

프로그램을 완성했나요? 이번에는 한 번 별명을 해석한 후에 프로그램이 종료되지 않고, 다시 별명을 물어보도록 프로그램을 만들어봅시다. 계속 반복하기 블록을 사용하면 되는데, 어디서부터 어디까지를 반복해야 할까요?

스스로 평가하기

평가항목	매우 우수	우수	보통
주어진 표를 참고하여 비버의 이름은 문제를 해결하였나요?			
프로그래밍 언어를 통해 비버 별명 해독기 프로그램을 구현하였나요?			
선택 구조의 개념을 이해하고 그 적용 사례를 설명할 수 있나요?			

비버챌린지 공식 교재 안내

[책 소개]

Bebras Korea가 직접 집필한 Bebras Challenge 공식 교재이다. Bebras Challenge를 완벽 대비할 수 있다.

[이 책이 필요한 사람]

첫째, 컴퓨팅 사고력을 기르고 싶은 사람

둘째, 비버챌린지 참가자

◀ 비버챌린지 I

Bebras Korea 지음 / 정가 15,000원

....

비버챌린지 II ▶

: 비버챌린지로 배우는 소프트웨어(초등학생용)

Bebras Korea 지음 / 정가 15,000원

◀ 비버챌린지 II

: 비버챌린지로 배우는 정보과학(중학생용)

Bebras Korea 지음 / 정가 15,000원

....

비버챌린지 II ▶

: 비버챌린지로 배우는 정보과학(고등학생용)

Bebras Korea 지음 / 정가 15,000원

◀ 비버챌린지

2018년도 기출문제집(초등학생용)

Bebras Korea 지음 / 정가 8,000원

비버챌린지 ▶

2018년도 기출문제집(중·고등학생용)

Bebras Korea 지음 / 정가 10,000원

◀ 비버챌린지

2017년도 기출문제집(초등학교 3~4학년용)

Bebras Korea 지음 / 정가 6,000원

비버챌린지 ▶

2017년도 기출문제집(초등학교 5~6학년용)

Bebras Korea 지음 / 정가 7,000원

◀ 비버챌린지

2017년도 기출문제집(중학생용)

Bebras Korea 지음 / 정가 8,000원

비버챌린지 ▶

2017년도 기출문제집(고등학생용)

Bebras Korea 지음 / 정가 8,000원